明治図書

ペア・グループでの話合いがうまくいく!

対話的な文学の授業づくりアイデアブック

小学校国語科

水戸部 修治 編著
葛飾区立綾南小学校 著

・話合い活動のキーワード&ポイントを解説!
・超定番の教科書教材12の授業事例を収録!
・掲示物・ワークシートのダウンロード特典!

序文にかえて

京都女子大学教授
水戸部修治

物語の授業づくりにおいて，ペア学習やグループでの交流を位置付けることは，多くの地域の学校で行われてきました。物語を読むという行為は，元々は一人で行うことですが，仲間と読み合うことで，様々な解釈と出合い，物語の世界をもっと豊かに，そして広く味わうことができます。

しかし同時に，物語文の学習でペアやグループによる話合い活動を効果的に行うことは，どの地域の学校においても課題とされているようです。例えば交流前にノートに書いたことを一人ずつ読み上げるだけになってしまったり，学級全体では一見活発に意見交流がなされているようでも，発言が数名の子に限られてしまったりする状況も見られます。

本書には，葛飾区立綾南小学校の先生方がこうした課題の克服に取り組み，子供たちを本や作品に向かわせるべく授業改善を重ねてきた成果が凝縮されています。具体的には，次のような点に大きな成果が表れています。

○子供たち一人一人の読みを表出し，交流し合う必然性をもたせる，単元のゴールとなり学習過程となる言語活動を明確に設定していること。
○学習指導要領の指導事項等をもとに，育むべき資質・能力を明確に見定めて，言語活動を行わせる手立てをきちんと位置付けていること。
○単元の学習で子供たちが行う言語活動や話合いを教師自身が実際に行い，しっかりとした準備をして授業に臨んでいること。
○学校全体が組織的に取り組み，系統的に言葉の力を育んでいること。

本書を通じてこれらの成果が，授業改善を目指す多くの皆様の参考となることを願ってやみません。子供たちのために御努力を続けておられる綾南小学校の先生方，御指導いただいている元全国小学校国語教育研究会会長飯田薫先生に，末筆ながら感謝申し上げます。

はじめに

葛飾区立綾南小学校
校長　荻原　誠

本書にまとめた本校の研究は，平成29～30年度の２年間にわたり，実践した内容です。しかし，本校の国語の研究は平成27年度から始まっていました。子供たちに力を付けていきたいという，教職員の切なる願いから始まった取組は，「話すこと・聞くこと」からのスタートでした。やがて，「子供たちが学習内容を理解し，自分の思いを伝えるためには，『読むこと』が必要ではないか」と思うに至り，研究内容を「読むこと」にあらため，本実践に至りました。

私と教職員でいつも言っていたのは，「無理せず，できることを，積み重ねよう」でした。そんな中で，教職員一人一人が，互いにアイデアを出し合い，まさに力を合わせて研究を進めてくれました。そして，確実に子供たちとともに力を付けてきました。事務主事，用務主事も，ともに環境づくりに尽力してくれました。そして，それを支えて，扇のかなめとして副校長も皆をまとめてくれました。学校全体で取り組むことができた楽しく充実した２年間の研究でした。

今回は，その一端をまとめ，紹介する機会を与えていただきました。私たちの実践が，少しでも皆様のお役に立つことができたら，これ以上の幸せはありません。研究はまだまだ途上であり，課題は山積しておりますが，これからも教職員一同力を合わせ，教育という崇高な職を担っている誇りを胸に，研鑽を積んでまいります。

本研究を進めるにあたり，多くの方に大変お世話になりました。関係のすべての皆様へ改めてお礼を申し上げます。

目　次

※第４章でご紹介している実物資料（PDF）は以下のURLからダウンロードできます。
URL　http://meijitosho.co.jp/338414#supportinfo
ユーザー名　338414
パスワード　goryonan

❶主体的・対話的で深い学び

①主体的・対話的で深い学びとは

変化の激しい社会を生き抜くためには，与えられた知識を受け取るだけでは十分ではありません。例えば自分の進路を考える際，誰かが正解を教えてくれるわけではないのです。今は存在しない職業が10年後，20年後には数多く生まれていることを見据え，色々な体験をし，多様な人々と関わり，必要な情報を得ながら，自分にとって納得のいく解を見出していくことが大切になります。主体的・対話的で深い学びの視点からの授業改善は，そうした資質・能力を子供たちに身に付けさせるために求められているものです。

②子供たちが主体的・対話的で深い学びをするための視点

主体的・対話的で深い学びを実現させるためには，授業を通じて子供たちが何をどのように学ぶことを目指すのかを明らかにする必要があります。つまり教師がどのように発問や指示を出すかという教師側の視点のみではなく，目の前の子供たち，とりわけ国語が苦手な子や普段発言の少ない子供たちのことをも十分念頭に置き，子供たちにどんな言葉の力をどのような学びを通して身に付けさせたいのかをしっかり描く必要があるのです。

例えば物語を読む授業では，一斉学習の場で数人の発言力のある子供が発言することで，本時の学習が十分成立したと受け止められてきたことも多かったのではないでしょうか。しかし，その他の子供たちの姿はどうだったでしょうか。子供たちの思いはどのようなものだったのでしょうか。とりわけ国語の苦手な「しんどい子」たちは，本時，なぜその教材文のその場面を読み取るのか，自覚できていたでしょうか。

子供たちが，学びに向かう思いや願いを十分膨らませながら，国語科で目指す資質・能力を確実に身に付けることができるようにする必要があります。教師が教えて満足するのではなく，また教師がもっている正解を言い当てさせるのでもなく，子供たち一人一人が自ら言葉の力を獲得することを目指すのです。これは，学習を子供に任せて教師は何もしないことを意味するものではありません。むしろ教師主導で優秀な子供だけを軸に展開する授業よりも，はるかに緻密な手立てと子供を洞察する目とが必要です。

③質の高い言語活動を通した学びを実現させよう

こうした深い学びを実現するための，教師としての重要な手立てとして，子供一人一人にとって学習の目的となる質の高い言語活動を単元に明確に位置付けることが挙げられます。指導のねらいにふさわしく，かつ子供にとって魅力的なゴールとなり，そこに至る道筋を明らかにする言語活動を位置付けることで，主体性を引き出し，対話する目的や必要性を生み出し，指導のねらいとなる言葉の力を自在に駆使することのできる深い学びを実現させていくことが大切になります。

くれぐれも，教師主導の言語活動なしの授業に戻ることが主体的・対話的で深い学びを生むわけではないことに留意しましょう。

ここがポイント！

まず子供の思いや願いをつかむことから始めましょう。単元の導入前から本を紹介したり，その本の魅力を語ったりするなど，様々な働きかけが考えられます。国語が苦手な子供との会話から，手立て構築のヒントを得られることもあります。言語活動がねらいや子供たちの願いに合っているかどうかを確かめるためには，教師自身が実際にその言語活動を行ってみましょう。

❷ 考えの形成

① 考えの形成とは

「私は○○だと思います。わけは□□だからです」といった話型の指導がよく見られます。しかし肝心の国語の苦手な子たちは，なかなか使いこなせないことも多いようです。理由や根拠を明晰に述べられることは重要ですが，学びの過程ではいつも理由をはっきりさせられるわけではありません。先に挙げた話し方だけが重視されてしまうと，「わけが言えなければ発言してはいけない」という負の強化を暗黙のうちに与えてしまうかもしれません。そう考えると，ここで言う「考えの形成」とは，はっきりした理由を示せるものに加え，まだもやもやしているもの，確信をもてないでいるものなど，考えの形成過程も含めたより幅広い状況を含めて考える必要があります。

② 考えを形成するための前提となる視点

物語文を読む学習で考えをもたせようとする場合，「自分の考えをもたせるためにもまず場面ごとにしっかり読み取らせなければ」と考えがちなのではないでしょうか。しかし場面を細かく区切って読ませようとすればするほど，また指導者の意図する叙述に着目させようとすればするほど，一問一答のやり取りや正誤の二者択一に終始してしまいがちになるものです。そこでいわゆる「読める子」の読みに着目してみましょう。ある子は前後の場面と結び付けて解釈を広げたり，またある子はシリーズの他の作品を引き合いに出して解釈したりする姿が見られることがあります。つまり，ある場面の叙述に子供が着目して解釈しようとする場合，当該の場面だけしか視野に入れないままに読もうとするのではなく，前後の文脈やストーリー展開，更にはシリーズや同一作家の作品の叙述など，より多彩な解釈のための手がかりを駆使できることが「読める」ということなのです。そうした解釈を基盤に，低学年では自分の体験や読書体験と結び付けて考えをもてるようにします。高学年になると，文章を読んで命や生き方について考えをまとめる学習をすることがありますが，1冊の本を読めばそうしたテーマについての答えが得られるわけではありません。関連する様々な本や文章を読み比べて，自分らしい考えを形成していくのです。

③考えをはっきりさせたくなる魅力的な場を工夫しよう

考えの形成は，正解の解釈をいち早く言い当てることではなく，また教師に指定された狭い場面や叙述を，時間をかけて読めば実現できるわけでもありません。どの子も考えを形成できるようにするためには，一人一人が実感として，考えを形成する目的をはっきりともてるようにすることが大切になります。例えば低学年の子供たちであれば，「自分の大好きな物語のお気に入りの場面を紹介しよう」，高学年であれば，「心に響く作品の優れた叙述を推薦しよう」といった言語活動を工夫することが考えられます。自分の「大好き」に着目するからこそ，自分の考えをはっきりさせようとするのです。

ここがポイント！

考えの形成は，ある叙述だけの意味理解にとどまらず，それを別の手がかりと結び付けて自分にとって新たな意味を見出していくことです。そうした思いを掻き立てるためには，子供たち一人一人が考えをはっきり表明したくなるような，魅力的な言語活動の設定が重要です。話型を掲示する際も，まだ形成過程の考えを言い表せるようなものを工夫してみましょう。

❸交流と共有

①交流と共有の違いとは

交流は交流する活動自体を指し，共有は交流する際に働く国語の資質・能力を指します。交流はどの教科等でも取り入れられる活動です。これに対して共有は，国語科の各領域の指導事項として示されている，それ自体がねらいとなるものなのです。「読むこと」領域に共有の指導事項があるのは，「読むこと」が個人の中で完結するものではないことを意味します。つまり，文章の正解の解釈を言えればそれでよいというわけではないのです。文学を読む際はもちろん，多くの社会的な事象などもそうですが，あることに対して誰もが同じ受け止め方をするとは限りません。そうしたことを実感をもって理解できるようにすることが，多様性のある社会，グローバル化が進む社会を生きる子供たちにとって重要になります。

②共有の資質・能力を育むための視点

前項のような資質・能力は，例えば中学年の「C　読むこと」の指導事項「カ　文章を読んで感じたことや考えたことを共有し，一人一人の感じ方などに違いがあることに気付くこと。」といった指導事項に端的に表されています。たとえ同じ文章を読んでいても，感じることや考えることは，文章のどこに着目するか，どのような思考や感情，経験と結び付けて読むかによって，一人一人に違いが出てきます。それが物語を他者と読み合う面白さであり，自分の読みを広げたり，より確かなものとしたりするカギとなります。

ただし，どんな読みでも許容されるわけではありませんし，色々な読みを授業で子供たちに一人ずつ言わせればよいわけでもありません。「読むこと」

における共有の資質・能力は，大きくは自分と他者の読みの相違点や共通点を理解することと，そのことを通してなぜそうした違いや共通性が生まれるのかを明らかにすることで育成することができます。

③交流する目的や必要性を実感できる課題を工夫しよう

こうした学びを実現するための手立てとして，答えが1つに決まらない課題を工夫してみましょう。「このときの登場人物の気持ちは？」と発問してしまうならば，教師としては答えが多様にあってよいと思っていても，読むのが苦手な子ほど，きちんとした正解を言わねば，といった思いが強くなってしまいます。しかし「自分の大好きな物語のお気に入りの場面を紹介しよう」といった言語活動なら，一人一人の違いが生きる学習になります。その際，なぜ好きなのかを明らかにすることで，同じ場面が好きでも理由が異なることを実感しやすくなります。例えば自分の体験と結び付けて好きな理由を明らかにするのであれば，元になる体験は一人一人異なりますから，他者がなぜ自分と同じところが好きなのか，理由を聞きたいといった思いを強くもちやすくなります。もちろん逆に，自分だけの体験をもとに理由付けできるので，他者に伝えたいといった思いももちやすくなるでしょう。

ここがポイント！

物語の授業では，一人一人の読みが異なる場合があることを認識させることが重要なねらいの１つになります。また，なぜそのような違いが出てくるのかを明らかにしようとすることで，交流する必然性が生まれやすくなります。そのためには，自分がそのように解釈した理由を，はっきり意識できるような手立てや交流の形態の工夫が大切になります。

❹ペア＆グループ学習

①ペア＆グループ学習の成功の秘訣とは

成功の秘訣は２つあります。１つは，ペア学習もグループ学習も，指導のねらいを実現するためのものですから，ねらいに応じた実施方法を工夫することです。もう１つは，子供がペアやグループで交流する目的やよさを実感できるようにすることです。マニュアルがあれば交流できるわけではなく，交流する目的を自覚していることが重要なのです。

②ペア＆グループ学習の実施の視点

ねらいに応じた交流の在り方について考えてみましょう。例えば低学年で，アドバイスし合うことを位置付けてもうまくいかないことがあります。アドバイスは熟達者が初心者に向けて行う助言ですから，それを低学年でねらうのは無理がありそうです。では低学年の交流のねらいは何でしょうか。特に重要なのは，自分の読みを言葉にすることで，それを自覚しやすくすることです。低学年の子たちは自分では分かったと思っても，いざそれを表出しようとするとうまく言葉にできないことがあります。そこで，何度も相手に向けて言葉にしてみるのです。例えば繰り返し好きなところを説明しているうちに，はじめはたどたどしくても，徐々に好きなところやそのわけがはっきりしてきます。これがねらいならば，機械的な繰り返しに陥らないよう，相手を変えながら，自分の好きな場面とその理由を説明したり，相手の説明を聞いたりする交流形態が考えられます。子供にとって意味のある繰り返し学習を位置付けるのです。中学年以降でも，できるだけ多様な解釈と触れ合わせたいのならばペア学習を繰り返す形態が有効です。しかし，じっくりと読み合う必要があるのであれば，固定メンバーのグループ学習が効果的です。

③交流を促進するための手立てを工夫しよう

交流する目的やよさを実感できるようにする手立てについて考えてみましょう。例えば交流が苦手な子供が多いので，交流前に自分の考えをしっかりノートに書かせた結果，いざ交流の際には，書いたものを一人ずつ読み上げるだけで終わってしまうことがないでしょうか。子供にとっては書いて完結してしまっているので，交流の必要性が実感しにくいのです。では，子供たちが交流したくなるのはどのような状況でしょうか。例えば，ＡかＢかで迷っている，Ａという結論には至ったけれど理由がうまく説明できない，まだ自信がもてないので他者の考えを参考にしたい……，学年によって意識の実態は大きく異なるのですが，中学年以降の子供たちならこうした思いを抱いていればいるほど，交流したい，意見や情報を求めたいという必要性が高まるのではないでしょうか。そうすると，「交流に向けて考えとその理由をはっきりさせましょう」といった指示ばかりではなく「まだもやもやしているから交流で友達に聞いてみたいことなどを，はっきりさせておきましょう」といった指示を工夫することが有効になるのです。

ここがポイント！

「活発な交流を行わせること」自体が目的化しないように留意しましょう。そのためには，単位時間の学習活動一つ一つが，子供にとって，とりわけ国語が苦手な子供にとっても，目的を実感でき，必要性を認識できるものとなっているかを，子供の側に立って確かめてみましょう。時には子供に「どんなときに交流してよかった？」と聞いてみるのも１つの手ですね。

❺ 言語環境・教室掲示

①言語環境の整備と教室掲示の成否のカギとは

言語環境の整備も教室掲示も，その成否は「それを子供が必要とする場をつくれるか」にかかっています。いくらきれいに掲示しても，いくら語彙などを一覧表にして立派な研究成果物としてまとめても，それは子供たちが必要とし，実際に使ってこそ意味のあるものとなります。

②言語環境整備の視点

「読むこと」領域の指導に関して最大の言語環境整備は，読書環境の整備です。大きくは物的整備と人的支援が考えられます。読むのが苦手な子供は，日常的に読書する環境に恵まれないで育ってきたケースが多く見られます。そうした子供たちに，一文一文，一語一語の意味を取らせて読み取らせようとしてもなかなかうまくいきません。むしろこのような環境に置かれた子供たちにこそ，読む楽しさやよさを味わわせたいのです。物的な整備としては，物語の単元の導入に先立って，関連する本を教室や学年の本棚にそろえて置くことが考えられます。どんな本をそろえるかを考える際には，学校司書や公立図書館の司書にアドバイスを求めてもよいでしょう。

物的整備以上に重要なのが，人的支援です。具体的には，担任の教師が読み聞かせをしたり，教師自身が本棚に向かって本を手に取り，読むことを楽しむ姿を子供に見せてあげたりすることです。クラスになかなか本に手が伸びない子供がいるのであれば，是非教師のお薦めの本を提示してみてはどうでしょうか。こうした緻密な手立てが，本の紹介や推薦などの質の高い言語活動の実現に向けて大きな効果を発揮するのです。

③子供が活用できる教室掲示を工夫しよう

せっかく立派な掲示物をつくっても，子供たちが使わないのでは効果はありません。例えば話し方の例を示す場合に，その前提となるのは「何とかして話したい」という思いを子供たちがもてるようにすることです。単元の学習計画の一覧表も，機械的に場面ごとに読み取らせるだけなら子供たちのよりよい学びには機能しません。あくまでも魅力的なゴールとなる言語活動があり，そこに向けてどのように学びを進めていけばよいのかを見通す必要性が子供の中にあるときにこそ，その効果を発揮するのです。

教室掲示として近年，飛躍的に広がっているのが全文掲示を活用する指導の工夫です。特に教材文を読む際，次のような活用がなされています。まず，自分が好きなところや気になるところなどに付箋を貼る活用の仕方です。自分は文章全体のどこに着目しているのか，そして他者がどこに着目しているのかを視覚的に捉えやすくなります。また中学年で，場面の移り変わりや気持ちの変化を見付けることをねらいとする場合，複数の叙述を線で結んで自分の読みを説明する場合もあります。全文掲示の付箋や書き込みを手掛かりに，自ら相手を見付けて交流するといった工夫も可能です。

ここがポイント！

子供たちが活用しやすい言語環境や教室掲示を工夫することで，教師の指示をいちいち受けなくても，見通しをもって学習を進めることができ，主体的な学びや対話的な学びを実現しやすくなります。そしてそれらの工夫が指導のねらいにぴったり合うものとなったときに，子供たちが言葉の力を自在に駆使できる深い学びの実現につながるものとして機能します。

❶話合いの目的をもたせる

①話合いの目的とは

子供たちにとって「友達の意見を聞きたい！」という話し合いたい気持ちをもつことはとても大切なことです。教師に「話し合いなさい」と言われたから話し合うのでは，やらせの話合いになってしまいます。子供たちが学習の過程で話合いを必要とし，その話合いに価値を見出すことが重要です。具体的な話合いの目的は，「自分一人では解決できないから友達にも手伝ってほしい」や，「自分の考えをもっとよりよくしたい」などがあります。こういった目的を単元の中でどこに位置付けるのかを考え，設定すると子供たちの話合いは自然と活発になります。

子供たちが話合いの目的をもつ場合，その目的は２つに分けることができると思います。１つ目は，当該単元を通して目的となっている「大きな目的」です。質の高い言語活動とも密接にかかわっています。もう１つは，一単位時間の中で子供たちがもつ「小さな目的」です。

②大きな目的とは

その単元に質の高い言語活動が設定されていると，子供たちは学びが主体的になり，友達や先生との交流を通して自分を高めていきたいと思うようになります。例えば，本校の４年生が行った「本しゃべリストになって，心に残ったところを５年生に伝えよう」という学習では，自分より１つ学年が上の５年生に向けて，５年生が「なるほど」と思うような内容で，心に残ったところを伝える必要があります。そのためには，自分だけがなんとなく納得していたのでは，とても５年生に伝えられません。このように，言語活動が子供たちの課題解決の過程となっている場合，大きな目的が話合い活動にも作用することになります。

③小さな目的とは

では，一単位時間の授業はどうかというと，上記の大きな目的のもとで，一人一人の具体的な目的が必要となります。けれども，すべての子供たちが明確な話合いの目的をもてるわけではありません。「もうちょっとよくしたいんだけど…」「どこかおかしい気がするんだけどどこか分からない」など，ほとんどの子供は明確な課題をもっていない場合が多いです。本校の実践を踏まえると，一人一人のこのような素朴な疑問は，話合いの目的となる場合が多いです。

時々，グループの中で誰か一人の考えについて，「どこがおかしいのだろう？」と「うーん」と唸ったり，「しーん」と静まり返ったりしていることがあります。けれども，彼らの頭の中は本文と友達の考えを何度も行き来しています。必死に本文を読み返して，おかしいところとよりよい方法を考えています。話合いの盛り上がりとしては少し欠けますが，小さな目的にそって話合いは進み，思考は活性化しているのだと思います。

ここがポイント！

上記のように授業を展開したとしても，学級に一人くらい，目的がなく「困りを抱えている」子供がいる場合があります。そんなときは，教師と，目的がはっきりしていない子供と，話合いの得意な子供の３人で，その子供の考えの課題を考えてあげることが効果的です。それを「話合いの目的」とすると，研究授業当日もその子は自信をもって話合いに臨むことができます。

❷ 話合いを可視化する

①話合いの可視化とは

話合いの可視化とは，話し合っている内容を，子供たちにとって，見える形にしてあげることです。話し言葉は子供たちが話したそばからどんどん消えてしまい，後で友達の考えを取り入れようとしても，「あれ，何を話したんだっけ？」と忘れてしまいます。そこで，子供たちが何について話し合っているのか，話合いのもととなる考えや，その考えに対するアドバイス，そして何を根拠に考えたのかを，子供たちが見える形にすることが話合いの可視化です。

具体的には，教科書や並行読書材の全文シート（または教科書や本）と，子供たちの考えが書いてあるノートやワークシートなどが挙げられます。

②全文シートや本のコピー

文学的文章教材を読み，その感想や大好きな場面を話し合うときは，文章をもとに話合いを進めてほしいと思います。本校では，教科書や本ではなく，全文を１枚のシートにしたものや，本をコピーしたものを使用しました。これは，気軽に線を引くことができるからです。全文シートは，一人で考えを形成するときに手掛かりにもしましたが，話合いのときにもとても有効でした。

自分が話し合ってほしい叙述に線を引いたり，複数の叙述を線で結んで説明したりしました。また，自分の全文シートではなくても，友達の全文シートにも話合いのときに線を引かせることもしました。話合いが終わると，全文シートは線だらけでぐちゃぐちゃに見えますが，子供たちによるとこのぐちゃぐちゃした線が話合いの後の自分の考えの形成に役に立つそうです。

③ノートやワークシート

話合いのときには，友達からアドバイスを受けて文章を書き直したり，友達の考えに対するアドバイスを付箋に書いて貼ったりしました。このため，付箋を貼るスペースや，書き直すスペースが必要となりました。ワークシートも話合いの後には，友達のアドバイスの付箋や赤い直しが入りました。

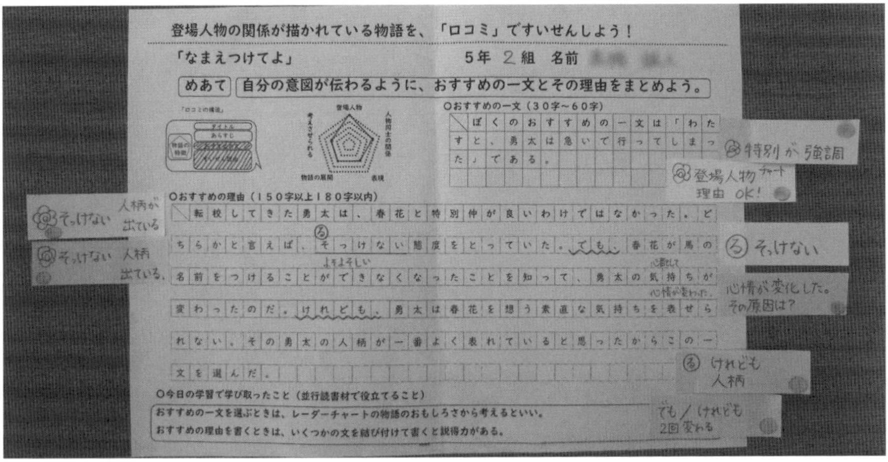

ここがポイント！

付箋に書くアドバイスは，文章ではなく単語にする方が，話合いは活発になります。付箋にアドバイスの文章を書くとそれを読んで終わってしまうことがあります。また，よりよい言葉（内容）とよりよい言葉を見付ける方法（類語辞典・国語辞典・語彙表）とに，アドバイスを分けて書くと分かりやすくなります。付箋の色は子供によって分けると，後で評価しやすいでしょう。

❸自分の考えをもたせる

①自分の考えをもつとは

「考え」というと，その言葉の印象から，ある程度できあがったものというイメージがあります。けれども，ここで扱う「自分の考えをもつ」とは，学習指導要領のＣ読むことオ「考えの形成」でねらう最終的な姿だけではありません。話合いが始まる前にもっている自分の思いのことなども含まれます。

話合いの目的は様々ですが，話合いに臨むときに確固とした考えをもって臨む場合と，考えている途中で友達の意見を聞きたい場合などがあります。話合いの必要性を感じるのは，むしろ後者の方で，友達の考えを聞いたり，自分の疑問に対して答えてもらったりしながら，子供たちは自分の考えを形成していくようです。

②友達の考えに対する自分の考えとは

話合いが始まってから，子供たちが初めて友達の考えを見たり聞いたりする話合いをよく見ます。そこでは，教材文や友達の選んだ本の叙述と関連付けながら，的確なアドバイスをしなくてはなりません。読む力が高い子供や

本時の課題に対する自分の考え
豆太は一人で夜中にせっちんに行けないからおくびょうな性格じゃないかな。
自分の考えのことで友達に聞いてみたいこと
豆太の性格を「おくびょう」だけでなく，他の性格を表す言葉も入れたいなあ。
友達の考えに対する自分の考え
○○くんは豆太の性格を「勇気がある」って書いてるけど，本当にそうかな？　話合いのときにいっしょに探してみよう。

話合いが得意な子供にとってはそれほど高いハードルではないかもしれませんが，そういう子供ばかりとは限りません。そこで，話合いが始まる前にあらかじめ友達の考えを知っておくと，いざ話合いが始まったときにアドバイスがしやすくなります。さらに，話合いの内容にもよりますが，話合いの前に友達の考えを読んで，それに対して自分が考えたことを付箋に書いておくと，アドバイスがしやすくなります。

イラストのように，自分の考えは，「課題に対する自分の考え」と，「自分の考えのことで友達に聞いてみたいこと」と，「友達の考えに対する自分の考え」の３つに分類することが可能です。

③ グループで話し合う前に

自分の考えができても，グループでうまく伝えられない子供がいます。そこで，グループで話し合う前に，ペアで自分の考えを伝え合います。こうすると，自分の考えの伝え方や疑問点を確かにして話合いに臨めるようになります。また，友達に自分の考えを話すことで，さらに整理されて，話したいことや友達に考えてほしいことが明らかになります。

ここがポイント！

全ての話合いで上記のような「考えの形成」を行うことは難しいでしょう。単元全体を考えたときに，どこに対話的な学習の重点を置くのかを位置付けると，その場面で話合いを設定することができます。文学作品の場合はC読むことエの指導事項と関わるところで話合いを設定すると，子供たちの読みがより深くなるようです。

❹話合いのモデルをつくる

①話合いのモデル文とは

話合いのモデル文とは，子供たちの話合いの場面で望ましい会話を考えて，それを文章におこすことです。子供たちが「どんな言葉」を使って，「どんなやりとり」をして，「どんな風に考えが深まる」のか，具体的にイメージします。子供たちの具体的な姿を想像することで指導事項が明確になり，指導もしやすくなります。本校では，「話合いの話型」をつくることがありました。「こういう言葉を使うと，話合いがスムーズに進んだり，話合いが深まったりするのではないか」と考えたからです。ところが，しんどい子にとって，「話合いの話型」だけでは不十分なことがありました。子供たちはどの場面でどんな風に使うのかが分からなかったからです。

すぐれた表現に着目して、物語のみりょくをクチコミですいせんしよう

話し合いのモデル文　　五年　名前

発言者	言葉	動き等
髙橋	ぼくが選んだお気に入りの一文は、	サイドラインを引きながら
	「戦いつかれたからだをおどらせて、金色の菜の花畑にさっと飛びこみました。」のところなんだよね。	
	それで、その理由は、「なぜかというと、ひなを守るために……という人におすすめです。」って書いたんだけど、どうかな？ これでホームページにアップできるかな？	話し合いの目的
河野	じゃあ、まず私からね。	
	髙橋くんは、「ヘビとの戦いに勝った片足スズメのすがすがしい様子」って書いてるでしょ。どこから「すがすがしい」って思ったの？	どこからそう思ったの？
髙橋	ここの、「勝利の歌を高らかにうたうのでした。」ってところだよ。	全文シートを指さしながら
杉本	なるほどね。分かる分かる。	
河野	わたしも、分かるんだけど、なんかちょっと違うんだよね。	少し違うところを見逃すな！
西野	何が少し違うの。	対立すべし！
河野	なんか、もっと、「どうだまいったか！」っていう気持ちが表れていると思うんだよね。	
髙橋	どこからそう思ったの？　どうしてそう思ったの？	
河野	だって、ここに、「わが片足スズメは、一本足で戸ぶくろの上につっ立ちました。」って書いてあるでしょ。だから、勝ち誇って自慢している感じじゃないのかな？	こうすればいいん

②モデル文の作り方

・モデル文を作成する前に，まず，子供になったつもりで，本時のワークシートに書き込みます。

・ワークシートと本文をもとに，実際の学級の子供を想像して，「○○さんならこう言うかなあ」と，一人一人の会話文を書いていきます。

・話型があったら，それを効果的に使う場面をつくり，話型を盛り込んだ話合いにします。
・語彙表，国語辞典，類語辞典などを話合いの中で使用するのであれば，それを実際に使う必要のある場面をつくります。
・最後に本時の目標達成のための話合いになっているか確認をします。

③モデル文をもとに教師が演じる

「そこまでするの？」と言われそうですが，これをすると「研究授業は成功間違いなし！」です。本校では「鉄板の手立て！」と言われています。教師が演じたものをビデオに撮影し子供たちに見せます。全文シートに指をさしたり，自分のものじゃない全文シートに線を引いたり，類語辞典を使ってみたり，前のめりで話合いに参加したり…。具体的な子供の姿を想像しながらモデル文をもとに演じます。あまりかしこまらずに，話合いの楽しさが伝われば大成功です。

ここがポイント！

話合いのモデル文を作成するときは，子供たちが普段話合いで使っている言葉を使うと，自分たちのものとして獲得できる場合が多くなります。教師側が考えを深めるために使ってほしい言葉を並べると，ぎくしゃくした話合いになってしまいます。前の物語単元で「子供自身が使った言葉」を集めておくことがポイントです。

❺話合いをしやすい環境をつくる

①話合いのための掲示物

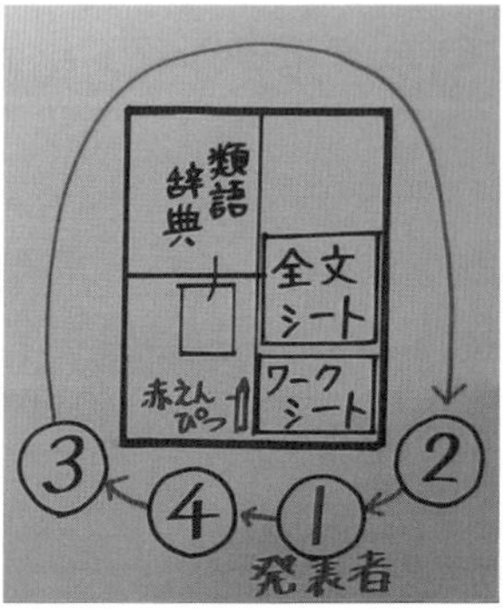

教師が「話合いを始めてください」と言うと，それぞれのグループで発表の順番を決めるじゃんけんが始まるのを見たことがあります。また，机の上がぐちゃぐちゃで，自分のワークシートを探したり，見付からずに友達の全文シートを使ったりすることもありました。普段の授業で指導をしておくことも大切ですが，研究授業などは多くの大人に参観される特別な時間です。指示を少なくするためにも右のような掲示物があると便利です。

②適切な人数と机の形

話合いの目的にもよりますが，本校では多くは２人～４人グループで話合いを行います。自分の考えを伝えたり友達の考えを検討したりするので，少人数のグループで行うことが必要になるからです。低学年では２人～４人，中学年では３人～４人，高学年では４人程度と話合いの目的と時間に応じて人数は変わりました。机の形も子供たちの体の大きさや学習に応じて様々でしたが，大切にしたことは，「全員が同じ方向を向いて話し合う」ということでした。話合いのときには１枚の全文シートを使って視線

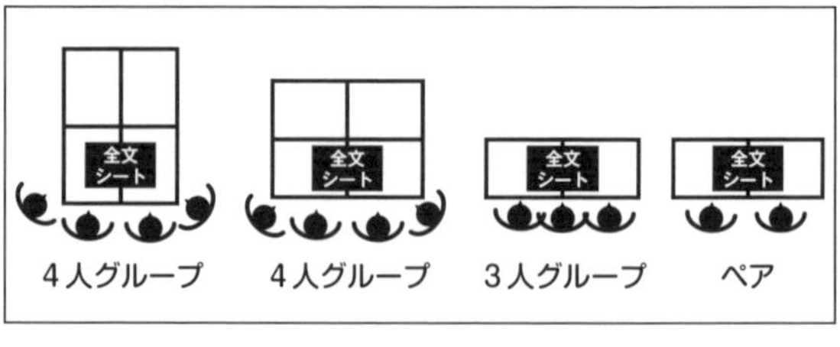

をまとめることが必要でした。そうすることでグループ全員が話合いを進めやすくなります。ワークシートをひっくり返して説明したり，全文シートを反対から読んだりする不便さをなるべく減らすようにしました。

③支持的風土の確立

どんなに優れた発言でも，友達から非難されたり反応がなかったりすると子供たちは発言する気持ちが生まれません。自分の意見を受け入れてくれる友達や集団がいて，初めて安心して発言できるのだと思います。普段の授業での具体的な姿としては，

・相手の話を最後まで聞くこと
・友達の言ったことにうなずいたり，相づちを打ったりすること
・苦手な子の意見を引き出すように努力すること
・相手の考えを補足したり，支持したり，よりよくしたりすること
・友達のアドバイスに感謝をすること

などが挙げられます。以上のことは掲示物として提示したり，テクニックとして身に付けたりするものではありません。教師の姿で示したり，できている子供を認めたりすることで時間をかけて定着するようにしました。

ここがポイント！

話合いをしやすい環境は，学習の内容や子供たちによって随分違うのではないかと思います。本校では模擬授業や事後研などで「これはした方がいいね」というものの中で，主だったものを統一して学校全体で取り組みました。授業を進める中で必要だと思ったこと（話合いの進め方，掲示物等）は，学級に合わせて担任が工夫をしていました。

1年 ❶「くじらぐも」（光村図書1年下）

並行読書材：『ぐりとぐら』『ぐりとぐらのおきゃくさま』『ぐりとぐらのえんそく』
『ぐりとぐらのおおそうじ』『ぐりとぐらとすみれちゃん』
全てなかがわりえこ

①単元名

きいて！わたしのだいすき　ふきだしにかいてしょうかいしよう

②単元の目標

・かぎ（「　」）の使い方を理解して使うことができる。（知・技(1)ウ）
・好きな物語やお気に入りの場面を探しながら色々な物語を読み，読書に親しむことができる。（知・技(3)エ）
◎場面の様子に着目し，登場人物の行動を具体的に想像しながら読むことができる。（読むことエ）
・自分の思いや考えを吹き出しに書いて，互いの思いを分かち合ったり，感じ方を認め合ったりすることができる。（読むことカ）
・お気に入りの本を紹介したいという気持ちをもち，本や文章を繰り返し読んだり紹介しようとする。（学びに向かう力等）

③単元の評価規準

	知識・技能	思考・判断・表現	主体的に学習に取り組む態度
単元の評価規準	・かぎ（「　」）の使い方を理解し使っている。（知・技(1)ウ） ・好きな物語やお気に入りの場面を探しながら色々な物語を読み，読書に親しんでいる。（知・技(3)エ）	◎場面の様子に着目し，登場人物の行動を具体的に想像しながら読んでいる。（読むことエ） ・自分の思いや考えを吹き出しに書いて，互いの思いを分かち合ったり，感じ方を認め合ったりしている。（読むことカ）	・お気に入りの本を紹介したいという気持ちをもち，想像を広げながら，繰り返し読んだり紹介し合ったりしようとしている。

④質の高い言語活動の概要

（1）言語活動：「ぐりとぐら」シリーズを読み，大好きな場面に吹き出しを付けて友達に紹介する。

（2）言語活動の特徴と目標の実現との関連

吹き出しを書く際には，まず吹き出しの形をした「おはなしふきだし」を登場人物に当て，一人で話をした上で，その後ペアでの伝え合いをする。ペアでの伝え合いは繰り返し行い，自分の思いや考えを確かにすることができるようにした。また，ペアの相手の質問に答えたり，相手の思いや考えを聞いたりしてから吹き出しに書くことで，ゴールである「だいすきふきだしカード」をより豊かに想像して書くことができると考えた。

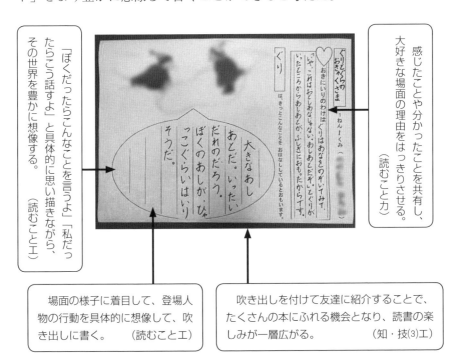

感じたことや分かったことを共有し，大好きな場面の理由をはっきりさせる。（読むことカ）

「ぼくだったらこんなことを言うよ」「私だったらこう話すよ」と具体的に思い描きながら，その世界を豊かに想像する。（読むことエ）

場面の様子に着目して，登場人物の行動を具体的に想像して，吹き出しに書く。（読むことエ）

吹き出しを付けて友達に紹介することで，たくさんの本にふれる機会となり，読書の楽しみが一層広がる。（知・技(3)エ）

▲だいすきふきだしカード

⑤単元計画（全12時間）

次	時	主な学習活動	
0次	0	・並行読書材の「ぐりとぐら」シリーズを読み聞かせ等で先行読書する。 ・教師作成の話合いのビデオを見る。【話合い活動（2）】	
1次	1	・学校司書によるなかがわりえこさんの本のブックトークを聞く。 ・教師作成の「だいすきふきだしカード」をもとに学習計画を確認する。	
2次	□2 ◇3	・登場人物や場面について，大体の内容を捉える。 ・登場人物の人物の行動や会話に線を引きながら，登場人物の行動を具体的に想像する。	
	□4 ◇5	・物語を音読し，「おはなしふきだし」を当てながら，話をする。 ・お気に入りの場面を見付けたら，付箋を貼りその理由を付箋に書く。	
	□6 □7（本時）	・付箋を貼った場面の中から，大好きな（一番のお気に入りの）場面を選び，その理由をワークシートに書く。 ・一人で，大好きな場面に「おはなしふきだし」を当てて，登場人物の思いや言葉を想像する。 ・ペアの友達に，大好きな場面とその理由，「おはなしふきだし」で想像したことを伝える。【話合い活動（1）（3）】 ・吹き出しをワークシートに書く。	並行読書
	□8 ◇9	・選んだ「ぐりぐら」シリーズの並行読書材についても大好きな場面を選び，その理由をワークシートに書く。 ・一人で，大好きな場面に「おはなしふきだし」を当てて，登場人物の思いや言葉を想像する。 ・ペアの友達に，大好きな場面とその理由，「おはなしふきだし」で想像したことを伝え　吹き出しをワークシートに書く。	
3次	◇10 ◇11	・「だいすきふきだしカード」を完成させる。 ・「だいすきふきだしカード」を友達に紹介する練習を行う。	
	◇12	・学年の友達に「だいすきふきだしカード」を紹介する。	

□…教科書教材
◇…教科書教材で学び取ったことを役立てる並行読書材

⑥この単元で設定する話合い活動と指導のポイント

（1）伝え合いの話型を示す

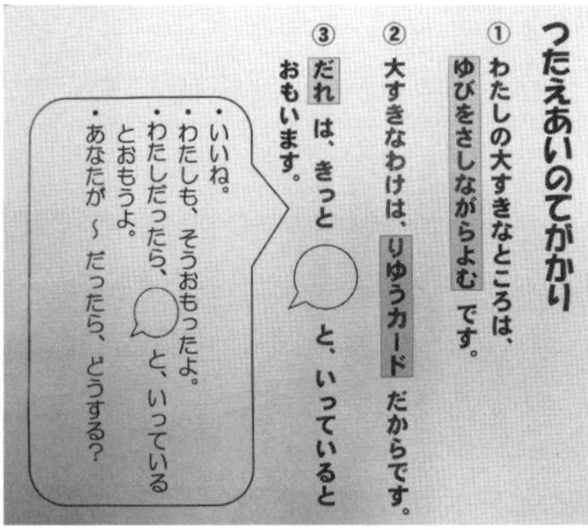

ペアでの伝え合いでは，それぞれの子供が自分の考えを伝えるだけで終わってしまうことがあった。一方で教師側は「考えを伝えて終わりではなく，もっと会話のやり取りをしてほしい」という思いをもっている。そこで，普段の授業の中で子供たちが使う言葉を集め「つたえあいのてがかり」として提示した。１年生の子供でも，話型を提示することにより，子供は相手に質問をすることができるようになる。思いや考えを伝え合うことは，本単元の指導事項の１つである，子供が場面の様子や登場人物の行動について想像を広げることにつながった。

（2）話合いのモデルを作成する

浅井	わたしの大好きなところは、「くじらは、……いきました。」（10頁2～5行目）です。 どうしてかというと、くじらと子供たちが空の中を進んでいったところが、とっても気持ちよさそうだなと思ったからです。わたしもくじらぐもに乗ってみたいです。 この子は、きっと「みてみて、わたしさかさまになってるよ。落っこちそうだけど、楽しいなあ。」と言っていると思います。
野々村	いいね。 ほかにも、「町がさかさまに見えるよ。くじらがぐんぐん進んで、風が気持ちいいな。ちゃんとつかまってないと、あぶないな。」と言っていると思うよ。
浅井	ああ～なるほど。
野々村	浅井さんが、くじらぐもに乗ったら、どうする？
浅井	わたしだったら、くじらぐもの上でジャンプしてみたいなあ。だって、すごくふわふわしてそうだもん。転んでも痛くなさそうだよ。
野々村	本当だね。ふわふわのくじらぐも、触ってみたいよね。 じゃあ、次はわたしの番ね。 わたしの大好きなところは、「くもの、くじらは、また、げんきよく、……

授業で実際にどのような伝え合いが生まれるのかを想定し，上記の伝え合いの話型を実際に使用したモデル文を作成した。そして，モデル文をもとに教師が伝え合いを行っている様子をビデオに録画した。１年生の子供には，モデル文をそのまま配布するよりも，身近な教師が演じた動画の方が，伝え合いの様子を想像する上で有効であると考えた。

伝え合いのモデルを子供が見ることで，実際の交流の際に，本文から想像を広げたり，また互いの思いや考えを分かち合ったりすることができると考える。

（3）話合いを可視化する

子供が大好きな場面の理由について交流をする際には，前時までに理由を書きためておいた付箋を見ながら話すようにする。また，右の写真のような「おはなしふきだし」を作成し，一人一人が挿し絵に当てて，大好きな登場人物になりきって話をすることができるようにした。

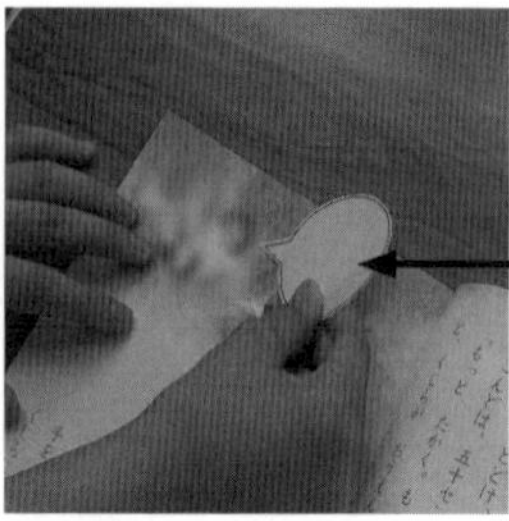

おはなしふきだし
吹き出しの形に切った紙をラミネート加工した、繰り返し使える吹き出し。登場人物の言いそうなことを想像して活用する。

下の写真は，並行読書材である『ぐりとぐら』で，大好きな場面について交流をしている様子である。絵本の中には，大好きな理由を書いた付箋が貼られており，子供は互いに「おはなしふきだし」を絵本に当てながら交流をしている。「おはなしふきだし」を用いることで，相手がどの登場人物になりきっているのかが可視化され，どの子供も伝え合いをスムーズにすることができていた。

また，伝え合いの際には，ワークシートだけでなく，教科書や絵本にも「おはなしふきだし」を当てるようにさせ，何度も本文を読みながら想像を広げることができるようにする必要がある。

⑦ 本時の指導（7時間目／12時間）

（1）目標

・「くじらぐも」を読んで，大好きな場面の理由を友達と交流し，吹き出しに書いて想像を広げることができる。（読むことエ）

（2）展開

主な学習活動	時間（分）	主な発問（○）	指導上の留意点（・） 評価（◇）〔方法〕
1　本時のめあてとゴールを確認する。	2	○今日は，「くじらぐも」の大好きなところの理由を友達と伝え合って，吹き出しを書きましょう。	・前時までの流れと，本時の学習を確認する。
2　あらすじを確認する。	5	○どんなお話だったか，みんなで確かめてみましょう。	・挿し絵を使って，あらすじを押さえる。
3　一人で，大好きな場面に吹き出しを当てて想像する。	3	○まずは一人で，大好きなところに「おはなしふきだし」を当てて，お話をしてみましょう。	・大好きな場面の理由をもとに，吹き出しの想像を広げるようにさせる。
4　大好きな場面の理由と，自分の考えた吹き出しをペアで交流する。	15	○次は，大好きなところの理由と，今考えたお話を，友達に伝えましょう。	・１回目の交流の後に，伝え方の上手なペアのお手本を見せる。 ・ペアを３回変えて，同じ活動を繰り返す。
5　ペアで交流したことをもとに，吹き出しを書く。	10	○友達と伝え合ったことを，吹き出しに書きましょう。	・吹き出しが書けない子供には，ペアでの交流を想起させるようにする。 ◇（読エ）友達と交流したことをもとに，吹き出しに書いて想像を広げている。〔発言，ワークシート〕
6　書いた吹き出しを全体で共有する。	8	○書いた吹き出しを発表しましょう。	・交流の前と後で，吹き出しに書いたことがどのように変わったかも発表させ，振り返りにつなげる。
7　学習のまとめをする。	2	○どうすると，吹き出しをたくさん書くことができましたか。	・次時の並行読書材に，本時で学び取ったことを活かすよう伝える。

⑧授業の実際（7時間目／12時間）

（1）ペアでの伝え合いの場面

本時では，大好きな文とその理由，また大好きな場面の登場人物に当てた「おはなしふきだし」をペアの友達と交流する。本時での伝え合いを通して想像を膨らませたことをもとに，子供は，本単元のゴールである「だいすきふきだしカード」を書く。

T　では，今一人でおはなしふきだしで考えたことを，次は隣の人と伝え合いましょう。
C1　私が大好きなところは，「くものくじらは，また，げんきよく，青い空のなかへかえっていきました。」です。大好きなわけは，くじらが帰ってしまったところが，すこしさみしいなと思ったからです。
【教科書・ワークシート】
くじらぐもは，きっと「みんなと空をお散歩できて，楽しかったよ。またあそぼうね」と言っていると思います。【おはなしふきだし】
C2　いいね。他にも「楽しかったから，帰るのはさみしいな。こんどはみんなと勉強もしたいな」と言っていると思うよ。【おはなしふきだし】
T　くじらぐもになりきってお話できたね。このとき，くじらぐもはどんな顔だったと思う？
C1　笑っていると思う！
T　どこからそう思ったの？
C1　だって，ここに「くものくじらは，また，げんきよく」って書いてあるから。「げんきよく」っていうことは，悲しい顔はしていないと思う。
T　なるほどね。どうして，くじらぐもは元気よく帰っていったんだと思う？

発問・指示のポイント

登場人物について「おはなしふきだし」で想像を広げる際には，教師が「どんな顔だった？」「どうして？」などの問いかけをするとよい。登場人物の行動を具体的に想像したり，行動の理由を叙述から考えたりできるようになる。

（2）全体での話合いの場面

ペアでの伝え合いをもとに，子供は各自，自分の選んだ登場人物がお話していることをワークシートに記入した。その後，吹き出しに書いたことを全体で共有した。共有の際には，黒板上の教科書の拡大ページに「おはなしふきだし」を当てながら話すことや，登場人物になりきって話すことを子供に伝えた。

T　では，吹き出しにどんなことを書いたか発表しましょう。
C1　「みんな見て見て。空にくじらぐもがいるよ。どうやってのるんだろう。のってみたいなあ」【全文掲示】
T　C1さんは，子供たちの吹き出しを書いたんだね。同じ場面を選んだ人はいますか。
C2　「あっ，子供たちだ。体育の時間みたいだな。ぼくに気が付くかな。気が付くとうれしいな。ぼくも一緒にやろうかな」【全文掲示】
T　C2さんは，くじらぐもの吹き出しを書いたんだね。くじらぐもは，子供たちに早く気が付いてほしいんだね。他にも，同じ場面を選んだ人はいますか。
C3　「おうい。ぼくと一緒に空にこないかい？　ぼくが乗せてあげるよ」【全文掲示】
T　なるほど。C2さんと同じくじらぐもの吹き出しだけど，書いたことが違うね。C3さんの吹き出しもいいね。

発問・指示のポイント

共有の際には教師が個々の発言を認めながら，互いの思いや考えを受容する雰囲気をつくることが大切である。また，同じ場面でも子供によって違うことを吹き出しに書いていることを，再確認させる働きかけを行うとよい。

1年 ❷「たぬきの糸車」（光村図書１年下）

並行読書材：『かちかちやま』千葉幹夫，『つるのおんがえし』礒みゆき，
『さるかに』『こぶとり』松谷みよ子
（ペープサートで表現しやすいよう，主要な登場人物が２人のものにした。）

①単元名

ペープサートげきじょうで　大すきをしょうかいしよう

②単元の目標

・文の中における主語と述語との関係に気付くことができる。
（知・技(1)カ）

・語のまとまりや言葉の響きになどに気を付けて音読することができる。
（知・技(1)ク）

・場面の様子や登場人物の行動など，内容の大体を捉えることができる。
（読むことイ）

◎場面の様子に着目して，登場人物の行動を具体的に想像することができる。
（読むことエ）

・ペープサートを使って登場人物の会話を具体的に想像し，登場人物になりきって友達に会話を紹介しようとする。（学びに向かう力等）

③単元の評価規準

	知識・技能	思考・判断・表現	主体的に学習に取り組む態度
単元の評価規準	・文の中における主語と述語との関係に気付いている。（知・技(1)カ） ・語のまとまりや言葉の響きになどに気を付けて音読している。（知・技(1)ク）	・場面の様子や登場人物の行動など，内容の大体を捉えている。（読むことイ） ◎場面の様子に着目して，登場人物の行動を具体的に想像している。（読むことエ）	・ペープサートを使って登場人物の会話を具体的に想像し，登場人物になりきって友達に会話を紹介しようとしている。

④質の高い言語活動の概要

（1）言語活動：昔話を読み，大好きな場面をペープサートを使って演じ，友達に紹介する。

（2）言語活動の特徴と目標の実現との関連

大好きな場面と，その理由を決める際に，ペープサートを用いて登場人物同士の会話を何度も想像するようにする。また，大好きな場面を友達と伝え合う際には，大好きな場面とその理由を記入したワークシートを用いて，自分の「大好き」を伝えた上で，ペープサートでの会話をさせるようにした。ペープサートでの会話は，本単元の重点目標である「場面の様子に着目して，登場人物の行動を具体的に想像すること」に適していると考えた。

大好きなところは「だれ」が「何をしている」ところか書き，文の中における主語と述語との関係に気付くことができるようにする。（知・技(1)カ）

場面の様子に着目して，登場人物の行動や会話を具体的に想像しながら，ペープサートを用いてやりとりをする。（読むことエ）

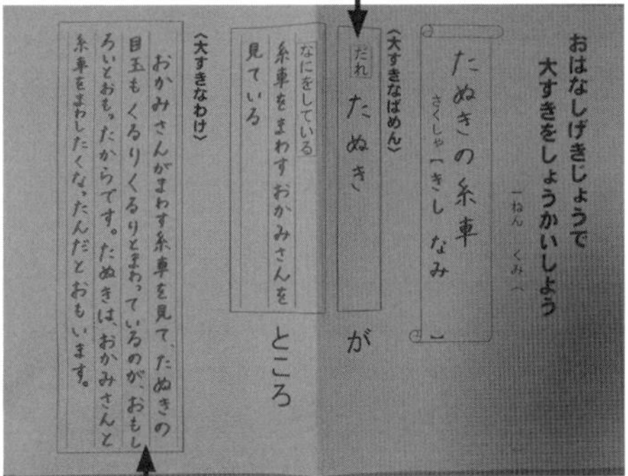

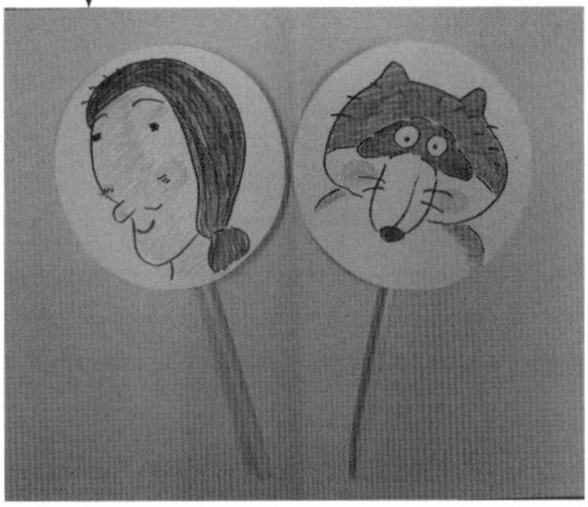

大好きなわけを，登場人物の行動を具体的に想像しながら書く。（読むことエ）

▲「大好きを伝えるワークシート」と「ペープサート」

⑤単元計画（全11時間）

次	時	主な学習活動	
0次	0	・並行読書材の4作品を読み聞かせ等で先行読書をする。 ・教師作成の話合いのビデオを見る。	並行読書
1次	1	・教師が，物語の大好きなところをペープサートを用いて演じ，それをもとにして学習計画を確認する。 ・物語の全文を読む。	
2次	2 ◇3	・登場人物や場面について，大体の内容を捉える。 ・登場人物の行動や会話に線を引きながら，登場人物の行動を具体的に想像する。 ・たぬきのしたことと，おかみさんが思ったことをまとめる。	
	課外	・たぬきとおかみさんのペープサート人形を作る。（朝自習）	
	4 ◇5	・物語を音読し，ペープサートを用いて演じる。 ・お気に入りの場面を見付けたら，付箋を貼りその理由を付箋に書く。	
	6 7（本時）	・付箋を貼った場面の中から，大好きな場面を選び，「だれが」「何をしている」ところかをワークシートに書く。 ・どうして大好きなのか，理由をワークシートに書く。 ・ペアの友達に，大好きな場面とその理由，ペープサートでの会話を伝える。　**【話合い活動（1）（2）】**	
	課外	・選んだ作品の，登場人物のペープサート人形を作る。（朝自習）	
	◇8 ◇9	・選んだ作品においても，大好きな場面を選び，「だれが」「何をしている」ところか，また大好きな理由をワークシートに書く。 ・ペアの友達に，大好きな場面とその理由，ペープサートでの会話を伝える。	
3次	10 ◇11	・「たぬきの糸車」の「おはなしげきじょう」を学年で開く。 ・選んだ作品の「おはなしげきじょう」を学年で開く。	

□…教科書教材
◇…教科書教材で学び取ったことを役立てる並行読書材

⑥この単元で設定する話合い活動と指導のポイント

（1）話合いを可視化する

子供が大好きな場面を伝え合う際には，ペープサートを動かしながら，その場面において自分が想像したことを話すようにする。右の写真は，「たぬきの糸車」で，大好きな場面について交流をしている実際の写真である。写真右の子供は，「たぬきがわなにかかった場面」が大好きで，その場面をペープサートで表現したところ，たぬきのペープサートを逆さまに持ちかえる姿が見られた。

また一方で，「たぬきが，糸車を回すおかみさんを見ている場面」が大好きな子供は，その場面を表現する際には，たぬきのペープサートを少し後ろに下げて話をさせていた。たぬきが「やぶれしょうじのあなから」「のぞいて」いるところを表現したのであろう。

このように，子供はペープサートを持つことにより，登場人物の様子だけでなく動きまで想像したことを表現しやすくなる。また，相手の子供も「私は～と思うよ」という考えをペープサートを使って表現することができ，可視化された状態で話合いを進めることができた。場面の様子を具体的に想像する上で，文字や言葉だけでなくペープサートのように視覚的な情報は，1年生の子供にとって特に有効であったと考える。

（2）伝え合いでのペアの組み方を工夫する

自分の考えを伝えたり，友達の考えを聞いて質問をしたりするやりとりが主である1年生の伝え合いでは，3人組や4人組ではなくペアでの交流が適していると考えた。ただし，一人だけとの交流では，様々な考えに出会うことが難しかったり，また支援を要する子供が相手だった際に，考えが広がらないまま交流を終えてしまったりする可能性がある。そこで，子供が席を移動してペアを組みかえることにより，１時間の授業内で３人の友達と交流できるようにした。

右の図は，実際の授業で行った座席の移動図である。４人組を設定しておき，１回目の交流ではＡ児とＢ児，Ｃ児とＤ児をペアとする。その後２回目の交流の際には，Ａ児のみ席を動かずに，Ｂ児，Ｃ児，Ｄ児がそれぞれ矢印の方向に１つずつ席を移動する。移動することで，２回目の交流ではＡ児とＤ児，Ｂ児とＣ児がペアとなる。さらに，３回目の交流の際にも，Ａ児以外の３人の子供が１つずつ席を動くようにすることで，今度はＡ児とＣ児，Ｂ児とＤ児がペアとなる。４人組の中でペアを変えて動く形は，子供の座席の移動がスムーズであり，交流の時間を多くとることができた。

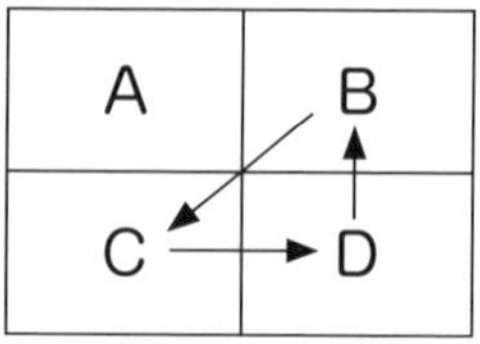

また４人組の組み方は，「たぬきの糸車」の伝え合いでは，子供は教科書の本文を何度も繰り返し読んでいることから，どこの場面を選んでいる子供同士でも，自分の考えを伝え合うことができると考え，通常の生活班とした。一方で，選んだ本での伝え合いの際には，同じ本を選んでいる子供同士の方が，伝え合いを通して読みが深まると考え，座席を組み直した。授業の中で「同じ本を選んでいても，大好きなところや理由が違うんだね」と口にした子供がおり，一人一人の感じ方の違いに気付く上でも，同じ本を選んだ子供同士のペアでの交流は有効であったと考える。

（３）支持的風土の確立をする

ペープサートを使って大好きを伝え合う際には，相手の子供との信頼関係があるほど，１年生の子供はためらいなく思いを表現することができると考える。よって，学校生活全般において，友達のよいところを見付けたり，認めたりする活動を取り入れている。例えば，相手の話を最後まで聞くこと，うなずくこと，相手の思いや考えを「いいね」と受け入れることなどである。教室では間違っても恥ずかしくない，自分の思いや考えを友達に伝えたい，という雰囲気をつくることを大切にした。

⑦本時の指導（７時間目／11時間）

（1）目標

・「たぬきの糸車」を読んで，大好きな場面の理由を友達と交流し，ペープサートでお話をして想像を広げることができる。（読むことエ）

（2）展開

主な学習活動	時間（分）	主な発問（○）	指導上の留意点（・） 評価（◇）〔方法〕
1　本時のめあてとゴールを確認する。	2	○今日は，「たぬきの糸車」の大好きなところの理由を友達と伝え合って，ペープサートでお話をしましょう。	・前時までの流れと，本時の学習を確認する。
2　あらすじを確認する。	5	○どんなお話だったか，みんなで思い出しましょう。	・挿し絵を使って，あらすじを押さえる。
3　一人で，大好きな場面を音読し，ペープサートでお話をする。	3	○まずは一人で，大好きなところを音読したら，ペープサートを動かしてお話をしてみましょう。	・大好きな場面の理由をもとに，ペープサートでお話をさせるようにする。
4　大好きな場面の理由と，ペープサートでのお話をペアで交流する。	15	○次は，大好きなところの理由と，今考えたお話を，友達に伝えましょう。	・１回目の交流の後に，伝え方の上手なペアのお手本を見せる。 ・ペアを３回変えて，同じ活動を繰り返す。
5　ペアで交流したことをもとに，再度一人でペープサートでお話をする。	5	○友達と伝え合ったことを思い出しながら，一人でペープサートでお話しましょう。	◇（読エ）友達と交流したことをもとに，ペープサートを動かしてお話をし，想像を広げている。〔発言，観察〕
6　ペープサートで表現したことを全体で共有する。	10	○考えたお話を発表しましょう。	・交流の前と後で，ペープサートでの表現がどのように変わったかも発表させ，振り返りにつなげる。
7　学習のまとめをする。	5	○どうすると，ペープサートでたくさんお話をすることができましたか。	・次時の並行読書材に，本時で学び取ったことを活かすよう伝える。

⑧授業の実際（７時間目／11時間）

（１）ペアでの伝え合いの場面

本時では，大好きな場面とその理由，またペープサートを動かして想像したことをペアの友達と交流する。交流では，本文をもとにして想像が広がるよう，机上には大好きな場面のページを開いて置くようにした。

T　今ペープサートでお話したことを，ペアの友達と伝え合って，さらに想像を広げましょう。

C１　私が大好きなところは，たぬきが，おどりながら帰っていったところです。大好きなわけは，うれしくてたまらないと思っておどりながら帰っていくたぬきが，かわいいからです。たぬきは，うれしかったと思います。

【教科書・ワークシート】

㋟おかみさんがぼくのこと見ていたなあ。たくさん糸をつむいでおいたから喜んでくれるはずだ。うれしいなあ。 ㋔びっくりしたけど，たすかったよ。ありがとう。【ペープサート】

C２　いいね。ぼくだったら，
㋔びっくりした。たぬきは何をしていたんだろう。こわいなあ。

【ペープサート】

T　C２さん，おかみさんはたぬきが家の中で何をしていたか，分かっていないのかな？　おかみさんの様子で，教科書に書いてあるところはないかな？

発問・指示のポイント

子供の想像が十分に広がっていることは大切であるが，本文の内容を誤って解釈している子供には，教科書の本文をもう一度読んでみるように，教師が意図的に言葉かけをする必要がある。学年が上がるに応じて，子供同士で内容の修正ができるようになることを期待する。

（2）全体での共有の場面

ペアでの伝え合いをもとにして，ペープサートを動かして大好きな場面のお話をした。その後，一人一人がペープサートで表現したことを，全体で共有した。共有の際には，友達の発表をただ聞くのではなく，互いの思いを分かち合ったり，感じ方や考え方を認め合ったりするようにした。

T　では，ペープサートでお話したことを発表しましょう。聞く時には，友達の発表で工夫しているところや，いいなと思ったところを見付けましょう。
C1　私の大好きなところは，たぬきが糸車を回すおかみさんを見ていたところです。
㋔ふふふ，たぬきがまたのぞいているな。一緒に糸車を回したいのかな。
㋟キークルクル，キークルクル。なんだか楽しくなる音だなあ。ぼくも回してみたいなあ。
T　たぬきとおかみさんになりきっているね。他にも同じ場面を選んだ人はいますか？
C2　ぼくも，同じところです。
㋟おかみさん，何をしているんだろう。見ていると目が回ってくるなあ。
㋔たぬきが糸車を回すまねをしている。目玉が一緒に回って，かわいいな。
T　C2さんの発表で，いいなと思ったところはありますか？
C3　たぬきのペープサートを回しているところが，工夫しています。
T　なるほど。どうして，C2さんは，たぬきのペープサートを回しているのかな？　分かる人？
C4　どうしてかと言うと，たぬきの目玉が回っているからです。
T　それは，教科書のどこに書いてあるかな？

発問・指示のポイント

子供が発表の中でペープサートを動かす際には，本文の内容に沿った動きや発言を認める言葉かけをする。発表した子供がペープサートを動かした際には，どうしてそのような動きをしたのか，また教科書の本文ではどこに書いてあるのか，理由を全体に考えさせるよう発問し，登場人物の言ったことやしたことから想像を広げられるようにした。

2年 ❸「スイミー」（光村図書２年上）

並行読書材：『さかなはさかな』『コーネリアス』『じぶんだけのいろ』『ひとあしひとあし』『アレクサンダとぜんまいねずみ』『フレデリック』　全てレオ＝レオニ

①単元名

レオ＝レオニ作品の「とびだせ！お気に入りブック」をつくってしょうかいしよう

②単元の目標

・読書に親しみ，色々な本があることを実感できる。（知・技(3)エ）

◎場面の様子に着目して，登場人物の行動を具体的に想像することができる。（読むことエ）

・文章の内容と自分の体験とを結び付けて，感想をもつことができる。（読むことオ）

・レオ＝レオニ作品を楽しんで読み，自分の思いや考えを友達や他の子供に伝えようとする。（学びに向かう力等）

③単元の評価規準

	知識・技能	思考・判断・表現	主体的に学習に取り組む態度
単元の評価規準	・読書に親しみ，色々な本があることを実感している。（知・技(3)エ）	◎場面の様子に着目して，登場人物の行動を具体的に想像している。（読むことエ） ・文章の内容と自分の体験とを結び付けて，感想をもっている。（読むことオ）	・レオ＝レオニ作品を楽しんで読み，自分の思いや考えを友達や他の子供に伝えようとしている。

④質の高い言語活動の概要

（1）言語活動：レオ＝レオニ作品を読み，「とびだせ！お気に入りブック」を全校に紹介する。

（2）言語活動の特徴と目標の実現との関連

「とびだせ！お気に入りブック」とは，自分が選んだレオ＝レオニ作品の中からお気に入りの一文を書き抜き，その理由やお話のあらすじなどを書いたものである。学校図書館の絵本コーナーや入口の掲示コーナーに掲示することで，全校に紹介するようにした。

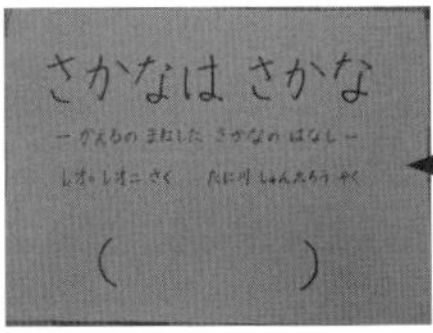

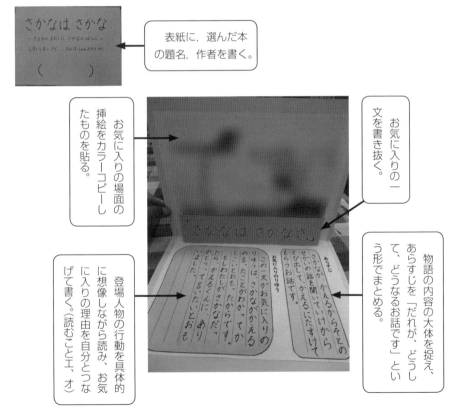

表紙に，選んだ本の題名，作者を書く。

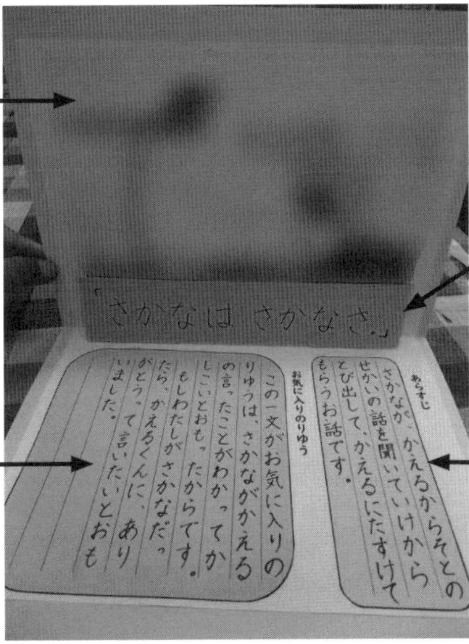

お気に入りの場面の挿絵をカラーコピーしたものを貼る。

お気に入りの一文を書き抜く。

登場人物の行動を具体的に想像しながら読み、お気に入りの理由を自分とつなげて書く。（読むことエ、オ）

物語の内容の大体を捉え、あらすじを「だれが、どうして、どうなるお話です」という形でまとめる。

▲とびだせ！お気に入りブック

⑤単元計画（全10時間）

次	時	主な学習活動	
0次	0	・並行読書材も含めたレオ＝レオニ作品を読み聞かせ等で，先行読書する。 ・教師作成の話合いのビデオを見る。【話合い活動（3）】	並行読書
1次	1	・教師作成の「とびだせ！お気に入りブック」をもとに学習計画を立てる。 ・どんなお話かを確かめるために「スイミー」を読む。 ・並行読書材を選ぶ。	
2次	□2 ◇3	・物語を読み，誰が出てきたか，どんな出来事があったか，最後にどうなったかといった大体の内容を捉える。 ・「だれが，どうして，どうなった」という文で，あらすじをまとめていく。	
	□4 □5（本時）	・物語の中で，いいなと思ったり，心に残ったりしたいくつかの文に線を引き，付箋を貼る。 ・友達と交流してお気に入りの一文を決定し，全文掲示の選んだ一文のところに名前を書いた付箋を貼る。 ・お気に入りの一文とその理由をワークシートに書く。 ・理由をはっきりさせ，自分の思いが伝わるようにするために，グループで交流する。【話合い活動（1）（2）】 ・友達と話し合ったことを入れて，自分のお気に入りの理由を付け足したり，直したりする。	
	◇6 ◇7	・並行読書材を読み，お気に入りの文をいくつか見付け，名前を書いた付箋を貼る。 ・友達と交流して，お気に入りの一文を決定し，一文とその理由をワークシートに書く。 ・グループで交流し，付け足しや直しをする。	
3次	◇8 ◇9	・これまでに学習してきたことをもとに，「とびだせ！お気に入りブック」を完成させる。	
	◇10	・友達と作品を読み合い，よいところを見付けて伝え合う。 ※学校図書館の絵本コーナーや入口の掲示コーナーに掲示する。	

□…教科書教材
◇…教科書教材で学び取ったことを役立てる並行読書材

⑥この単元で設定する話合い活動と指導のポイント

（1）自分の考えをもつために

物語を読み進めると，子供たちは「いいな」「心に残るな」というお気に入りがたくさん見付かることが考えられる。そういった子供たちの思いを大切にするためには，「いいな」と思った理由の根拠となっている文を見付けることが重要である。自分の考えがはっきりしていない子供でも，根拠となる文を見付けることができれば，それをもとに自分の思いを伝えることができるのである。また，自分の考えがまだはっきりしていない段階で，友達とペアで交流することも有効である。ペアでの交流なら，一人一人の発言も多くなり，聞きたいことも聞きやすい環境となる。自信のない自分の考えでも，グループよりもさらに話しやすい。友達に話すことで自分の考えを明らかにしたり，友達にアドバイスをもらうことで自分の考えに気付いたりすることがある。

（2）伝え合いのための手立て

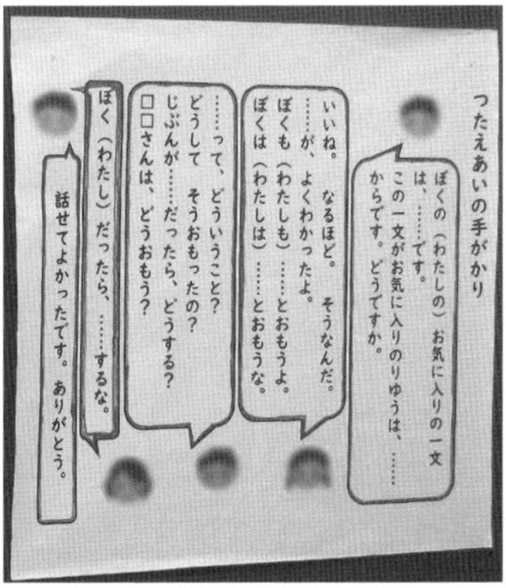

子供たち一人一人の思いを伝わりやすくするために，「つたえ合いの手がかり」を掲示した。内容には，伝え合いが一人一人の発表会のような一方的なもので終わらないように，相づちや質問を入れた話型を作成した。また，「どうしてそう思ったの」という言葉を話型の中に入れることで，本単元の目標である（読むことオ）の「文章の内容と自分の体験とを結び付けて，感想をもつこと。」に迫ることができると考えた。このように，話型は，ただ，話す順番を分かりやすく提示するだけでなく，単元の目標を達成するために大きな役割を果たした。

（3）話合いのモデル文を作成する

話合い活動がより円滑に進むようにするために，話合いのモデルを作成した。望ましい話合いのモデルとして，教師が子供役となり，モデル文を作成してビデオで撮影したものを子供に提示した。モデル文には，（2）で掲示した「つたえ合いの手がかり」を入れて作成することで，子供が，「つたえ合いの手がかり」をより意識できるようにした。また，教師が演じたビデオを観ることで，話合いをするときの机の形や，教材の置き方といった視覚的な部分から，友達が話しているときに相づちをうつ，教材文の必要なところを指すといったところも，分かりやすく示すことができた。さらに，子供にとって身近である教師がモデルを楽しそうに演じることで，話合いを自分たちもしてみたいという意欲をもたせるきっかけにもなったと考えられる。

話し合いのモデル

発表者	
A	わたしのお気に入りの一文は、「さかなはさかなさ。」です。お気に入りのりゆうは、さかながかしこいなと思ったからです。どうですか。
B	その一文、わたしもお気に入りの一文にしようかまよったんだ。いいよね。
C	かしこいって、どんなところがかしこいと思ったの？
A	だってさ、ここに、「きみのいったとおりだよ。」ってあるでしょ。それって、かえるの言ってたことがわかったってことでしょ。
B	そう言えば、かえるがおたまじゃくしのときに、「さかなはさかな。」って言ってたよね。
A	そうそう。それがわかったってことは、じぶんはさかなのままでいいんだって気がついたってことだから、さかなはかしこいなと思ったんだ。
C	なるほど。よくわかったよ。
B	もしAさんがさかなだったら、どうする？
A	ううん…。（なやむ）
B	もしわたしがさかなだったら、まだそとのせかいにいたいなって思うな。
C	ふうん、そうなんだ。ぼくだったら、言ってくれたかえるに「ありがとう」って言うかも。
A	なるほど。いいね。わたしもそう思うかもしれない。ありがとう。いろいろお話しできてよかったです。では、Bさんの発表をお願いします。

上の画像は，実際に教師が作成したモデル文である。サイドラインが引いてあるところが，「つたえ合いの手がかり」に含まれている部分である。教師側も意識して，大事なところを少しゆっくり話して，子供により伝わりやすいよう工夫した。

⑦本時の指導（5時間目／10時間）

（1）目標

・「スイミー」を読んで，場面の様子や登場人物の行動をもとに，自分の体験と結び付けて，お気に入りの一文を選んだ理由をもつことができる。

（読むことエ，オ）

（2）展開

主な学習活動	時間（分）	主な発問（○）	指導上の留意点（・） 評価（◇）〔方法〕
1　本時のめあてとゴールを確認する。	2	○今日は，「スイミー」で自分が選んだお気に入りの一文とその理由を伝え合います。	・学習計画やモデルを示して確認する。
2　「スイミー」を音読する。	5	○「スイミー」を音読して，出来事を思い出しましょう。	・一人で音読させる。
3　友達と自分の思いや考えを伝え合う。	15	○自分の書いた理由をはっきりさせて，自分の思いが伝わるようにするために，友達と伝え合いましょう。	・魅力が視点からそれていないか吟味することや，読み手を意識した文になっているかを確認する。
4　伝え合いから理由に付け足したいことを書く。	5	○友達と伝え合ったことから，もっと付け足したいことや言葉を変えたいところがあれば，青鉛筆で書きましょう。	・3～4人のグループで，机を2つ並べて活動させる。 ・「つたえあいの手がかり」を示し，伝え合いをスムーズに進められるようにする。 ・ワークシートや教科書のページを見せながら，伝えるようにする。
5　付け足したことを含めて「お気に入りの一文」とその理由を発表する。	8	○「お気に入りの一文」とその理由を発表しましょう。	◇（読エ）場面の様子に着目して，登場人物の行動を具体的に想像している。 ◇（読オ）自分の体験と結び付けて「お気に入りの一文」とその理由を書いている。 〔ワークシート，発表〕
6　学習のまとめをする。	10	○今日の学習では，自分の思いや考えを書いて友達と伝え合いました。よかったことや気が付いたことはありますか。	・子供の発言から，次時の並行読書材の学習に活かせることを取り上げ，まとめとして全体に意識付ける。

⑧授業の実際（5時間目／10時間）

（1）グループでの話合いの場面

本単元では，本文から自分の「お気に入りの一文」を選び，自分の体験を結び付けて理由を書くことが目標である。そのため，本時では，なぜその一文がお気に入りなのかを話す活動を設定した。そして，話合いをしていく中で，自分の体験を思い出し，本文の内容と自分の体験とを結び付けて考えることができるようにした。

T　自分の書いた理由をはっきりさせて，自分の思いが伝わるようにするために，友達と伝え合いましょう。
C1　ぼくのお気に入りの一文は，「おもしろいものを見るたびに，スイミーは，だんだん元気をとりもどした。」だよ。【全文シート】
この一文がお気に入りの理由は，スイミーが一人ぼっちだったけれど元気をとりもどしたところが，よかったなと思ったからです。【ワークシート】どうですか。
C2　いいね。C1さんは，どうしてよかったと思ったの？
C1　ぼくだったら……うーん，そうだな。
T　C1さんもスイミーと同じようなことがありましたか？
C1　うん。あったよ。この前ね…。

発問・指示のポイント

文章の内容と自分の体験とを結び付けて感想をもつためには，「似たようなことがありましたか？」や「同じようなことがありましたか？」と聞くと，自分の体験を話す子供が多い。自分の体験を語った後で，文章の内容と結び付ける。子供の一人一人の体験は異なるので，結び付ける体験によって一人一人の感想は異なり，話合いも広がっていく。

（2）全体での共有の場面

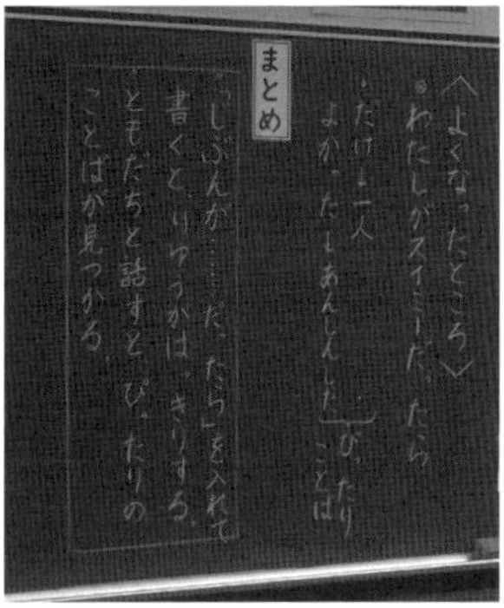

グループでの話合いの後に，自分の考えを振り返る場面を設けた。その際には，友達と伝え合ったことから，もっと付け足したいことや言葉を変えたいところを書き直しする時間をとった。そして，その後の話合いでさらに自信をもって自分の考えを発表した。

発表の際には，「お気に入りの一文」に対して，どのような感想をもったのかを言い，誰にどんなアドバイスを受けたのかも言うようにさせた。これにより，一人一人のお気に入りの一文が同じであっても，感想が異なる面白さを味わうことができた。また，友達のアドバイスを「面白いな」と感じたり，「なるほど」と気付いたりすることにより，互いの思いや考えを受容する雰囲気をつくるようにした。

T　お気に入りの一文を選んだ理由で，友達と話してさらによくなったことを発表しましょう。
C1　私が付け足したのは，「私がスイミーだったら，思いつかないと思うので，『一緒に考えて。』と，言うと思います。」のところです。
T　どうして付け足しができたのかな。
C1　C2さんが，「自分がスイミーだったらどうする？」と聞いてくれたので，考えることができたからです。
T　なるほどね。「自分だったら」考えることができたのですね。

発問・指示のポイント

友達と話し合ってさらによくなったことを発表することで，話合いの楽しさを感じたり，話合いの価値を感じたりすることができる。話合いの際には，自分の体験と結び付けるようにアドバイスした子供を取り上げると，次時の並行読書材でも，教科書教材と同じようなアドバイスができるようになる。

2年 ❹「お手紙」（光村図書２年下）

並行読書材：『おはなし』『なくしたボタン』『よていひょう』『クッキー』
『アイスクリーム』『おちば』『クリスマスイブ』『ぼうし』
全てアーノルド＝ローベル

①単元名

「ふたりは」シリーズを読んで，「キラッとハウス」でともだちにしょうかいしよう

②単元の目標

・読書に親しみ，色々な本があることを実感できる。
（知・技(3)エ）

・場面の様子や登場人物の行動など，内容の大体を捉えることができる。
（読むことイ）

◎お気に入りのところを自分の経験や読書経験と結び付けて，思いや考えをもつことができる。（読むことオ）

・シリーズの本に興味をもち，物語を読み進めようとする。
（学びに向かう力等）

③単元の評価規準

	知識・技能	思考・判断・表現	主体的に学習に取り組む態度
単元の評価規準	・読書に親しみ，色々な本があることを実感している。（知・技(3)エ）	・場面の様子や登場人物の行動など，内容の大体を捉えている。（読むことイ） ◎お気に入りのところを自分の経験や読書経験と結び付けて，思いや考えをもっている。（読むことオ）	・シリーズの本に興味をもち，物語を読み進めようとしている。

④質の高い言語活動の概要

（1）言語活動：「ふたりは」シリーズの作品を読み，「キラッとハウス」で学年の友達に紹介する。

（2）言語活動の特徴と目標の実現との関連

「キラッとハウス」とは，お話の中から見付けたお気に入りのところを「キラッ」と名付け，その理由とお話のあらすじなどを書いたものである。お話の中のお気に入りのところを同一作者の他の作品（ふたりはシリーズ）と結び付けることにより，本単元の目標（読むことオ）の「お気に入りのところを自分の経験や読書経験と結び付けて，思いや考えをもつことができる。」に迫ることができると考えた。

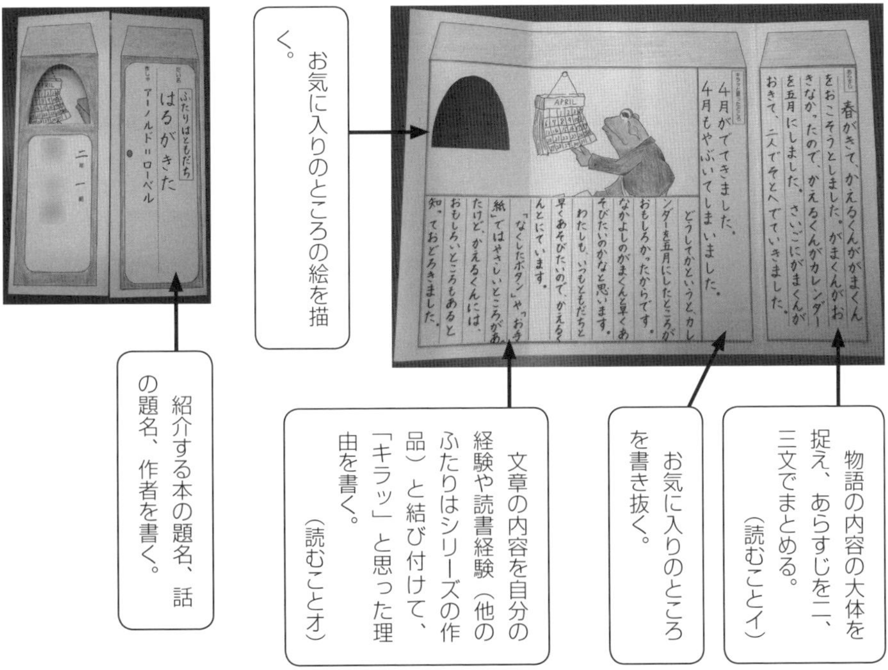

▲キラッとハウス

⑤単元計画（全13時間）

次	時	主な学習活動	
0次	0	・今までのシリーズ作品を読む楽しさを振り返ったり，読書ビンゴカードの読んだ作品に印を付けたりするなどして，読書意欲を高める。 ・教師作成の「キラッとハウス」の例を見たり，話合いのビデオを見たりする。【話合い活動（1）】	
1次	1	・教師作成の「キラッとハウス」を見て，学習計画を立てる。 ・「お手紙」での学習を並行読書材に活かすことを知る。	
2次	□2 □3	・「お手紙」を音読して登場人物がしたことや言ったことに線を引き，物語の大体をつかむ。 ・物語のあらすじを，2文または3文で表す。	
	◇4	・並行読書材の8話から紹介する話を選んで登場人物がしたことや言ったことに線を引き，誰が出てきたか，どんな出来事があったか，最後どうなったかを考える。 ・同じ話を選んだ子供同士で考えたことを交流し，あらすじを書く。	並行読書
	□5 □6 □7（本時）	・「お手紙」を読み，お気に入りのところをいくつか探して線を引く。 ・ペアで交流し，「キラッ」を決めてその理由とともにワークシートに書く。全文掲示に，自分の名前を書いた付箋を貼る。 ・理由をよりよくするためにその理由をグループで伝え合い，理由を付け足したり，直したりする。	
	◇8 ◇9 ◇10	・自分が選んだ話の全文シートを読み，お気に入りのところを探して線を引く。 ・「キラッ」を決めてその理由とともにワークシートに書く。 ・理由をよりよくするためにその理由をグループで伝え合い，理由を付け足したり，直したりする。【話合い活動（1）（2）（3）】	
3次	◇11 ◇12 ◇13	・「キラッとハウス」を完成させ，学年発表会の準備をする。 ・学年発表会を開き，感想を交流する。	

□…教科書教材
◇…教科書教材で学び取ったことを役立てる並行読書材

⑥この単元で設定する話合い活動と指導のポイント

（1）話合いの目的を明確にする

本単元では，話し合う目的を，「自分の考えた『キラッ』と思った理由をよりしっかりとしたものにして，学年での発表会で相手に考えが伝わるようにしよう」とした。子供は，見付けた「キラッ」を友達と伝え合う中で，自分では気付かなかった思いや考えに触れることができる。発表会のことも考えて，自分の考えが少しでもよくなるように友達の考えも取り入れる話合いになった。

また，本時では，「自分の思いや考えがしっかりと伝わる理由にするため」に３人から４人のグループで話合いを行った。グループは同じ場面を選んだ人で構成するようにし，「ぼくは，こういう理由でここを選んだんだ！」と一人一人の経験や読書経験をもとに話合いができるようにした。

（2）自分の考えをもつために工夫する

「キラッ」（お気に入りのところ）を見付ける際に，登場人物の行動に着目させて「いいな」「心に残るな」というところを探すようにした。そこで，登場人物の行動や会話に色別のサイドラインを引かせたり，挿絵も使ったりして，自分の考えの形成の手立てとした。

また，一番のお気に入りを決めるために，一人でじっくり考えるだけではなく，考えを形成している途中で，ペアで交流する活動を取り入れた。子供たちは学習を進める中で，いくつもの「キラッ」を見付けている。その中から，学年発表会で伝えるためにはどの「キラ

第１章 第２章 第３章 第４章

ッ」が一番いいのか考えるのである。

一番の「キラッ」を選んだり理由を考えたりするために,「そういう理由で気に入ったんだ」「自分は線を引かなかったけれど,そこもいいな」等,子供たちは一番の「キラッ」を選ぶ際のヒントを得ることができる。そして,最終的に選んだ「キラッ」とその理由を自分でワークシートに書いてみる。それをグループで伝え合うことで,自分の考えをより確かなものにしたり,広げたりすることができると考えた。

（3）机の配置を工夫する

本単元では,「キラッ」と思った理由の話合いを３人～４人のグループで行った。そのまま机を並べて座るとそれぞれの距離が遠くなってしまい,話す声が届かなかったり,教材文が見づらくなったりする。そこで,写真のように,机を２つ並べて３人が寄せ合って座り,３つ目の机を上につなげることで,教科書や並行読書材の本（または全文シート）,ワークシートが広げられるようにした。低学年の子供の身体の大きさならこれで十分である。

この配置にすることで,子供は身体を寄せ合ってお互いの意見を聞き合い,話合いに集中しやすくなる。また,教科書や並行読書材の注目してほしいところや説明しているところを指で指し,全員が同じところを見て考えることが簡単になった。

さらに,全員が同じ方向を向くことで,黒板に提示した「つたえ合いの手がかり」が見やすくなった。

⑦本時の指導（7時間目／13時間）

（1）目標

・お気に入りのところを自分の経験や読書経験と結び付けて，思いや考えをもつことができる。（読むことオ）

（2）展開

主な学習活動	時間（分）	主な発問（○）	指導上の留意点（・） 評価（◇）〔方法〕
1　本時のめあてとゴールを確認する。	2	○今日は，「お手紙」で自分が見付けた「キラッ」の理由を友達と伝え合います。	・学習計画やモデルを示して確認する。
2　あらすじを振り返る。	5	○「お手紙」のあらすじを振り返ります。	・挿絵を使い，あらすじを確認する。
3　友達に自分の思いや考えを伝え合う。	15	○自分の思いや考えがしっかりと伝わる理由にするために，同じ場面を選んだ友達と伝え合いましょう。	・3～4人のグループで，机を2つ並べて活動させる。 ・ワークシートや全文シートを見せながら，伝えるようにする。 ・「つたえ合いの手がかり」を示し，スムーズに進められるようにする。
4　伝え合いから理由に付け足したいことを書く。	5	○友達と伝え合ったことから，もっと付け足したいことや言葉を変えたいところがあれば，青鉛筆で書きましょう。	・アドバイスされたことすべてを取り入れるのではなく，自分の気に入ったものだけを取り入れることを伝える。 ◇（読オ）自分が見付けた「キラッ」を自分の経験や読書経験と結び付けて，思いや考えをもっている。〔ワークシート，観察〕
5　理由を発表する。	8	○「キラッ」とその理由で付け足したり，よくなったりしたところを発表しましょう。	
6　学習のまとめをする。	10	○まとめを書きましょう。	・子供の発言から，次時の並行読書材の学習に活かせることを取り上げ，まとめとして全体に意識付ける。

⑧授業の実際（７時間目／13時間）

（１）グループでの話合いの場面

本単元では，物語の中から見付けたお気に入りのところを「キラッ」と名付けて，そう思ったり考えたりした理由を書いて紹介する。本時では，グループの友達と話し合う中で，自分の経験や読書経験と結び付けて理由をより具体的に分かりやすいものにしていくことができるようにした。実際の話合いは以下のように行われた。

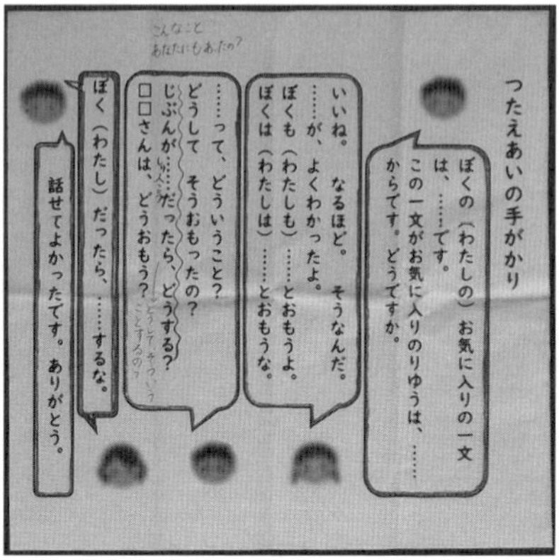

Ｔ	自分の思いがしっかりと伝わる理由にするために，同じ場面を選んだ友達と伝え合いましょう。
Ｃ１	私がキラッと思ったところは，「とてもいいお手紙だ。」です。【全文シート】 なぜかというと，かえるくんのやさしさが伝わって，がまくんがとてもうれしそうだからです。私もこんなすてきな手紙をもらってみたいです。私の考え，どう思う。
Ｃ２	いいね。Ｃ１さんも，そんなすてきな手紙をもらったことあるの？
Ｃ１	あるよ。いつも一緒にあそんでくれてありがとうって書いてあったよ。
Ｃ２	へえ，いいなあ。
Ｃ３	ぼくもそういう手紙を友達からもらったことあるなあ。うれしかった。
Ｔ	自分のことをお話できたね。「つたえ合いの手がかり」を見て，他にも聞きたいことはないかな？
Ｃ４	他のお話で同じようなところはないかな？
Ｃ２	がまくんがうれしそうなところ？
Ｃ３	う～ん。…そうだ！「ぼうし」のお話で，かえるくんががまくんの大きすぎるぼうしをこっそり小さくしてあげたところがあったよ。がまくんはうれしかったんじゃないかな。【並行読書材】

発問・指示のポイント

自分の経験と結び付けて理由を考えることができる子供は多いが，他のアーノルド＝ローベルの作品と比べて感想をもつことができる子供は少ない。そこで，グループの話合いでは，掲示した「つたえ合いの手がかり」の中に「ほかに同じようなお話あった？」という話型を示し，子供が他の作品に目を向けることで，さらに話合いが活性化し，作品への理解も深まると考えた。

（2）全体での話合いの場面

グループで話合いをした後に，友達と伝え合ったことから，理由を付け足したり直したりする時間を設け，全体で共有した。共有の際には，「キラッ」とその理由，付け足したり直したりしたところを発表させた。また，どのようにしたら付け足すことができたのかを話させることで，聞いている子供が次の話合いに活かせるようにした。

T　では，「キラッ」とその理由で付け足しをしたり，よくなったりしたところを発表しましょう。
C１　はい。私が付け足したところは最後のところです。「『ぼうし』のお話で，かえるくんががまくんのぶかぶかのぼうしをこっそり小さくしてぴったりにしたところで，がまくんがうれしそうなのが似ていると思いました」です。
T　他の作品と結び付けることができたのですね。すごいね！　どうして付け足しをしようと思ったのですか？
C１　Ｃ４さんが「他のお話で同じようなところはないかな？」って聞いてくれて，そしたら，Ｃ３さんが見付けて教えてくれたからです。それがとってもよかったので，自分の考えに付け足しをしました。

発問・指示のポイント

次の時間は，並行読書材の学習の時間なので，教科書教材で学び方を獲得する必要がある。本時では，よりよい自分の考えをもつためには，①文章の内容と自分の経験とを結び付ける　②文章の内容を他の作品と比べるという学び方を獲得し，次の並行読書材の学習に活かすようにする。

3年　❺「もうすぐ雨に」（光村図書３年上）

並行読書材：「消しゴムころりん」（教育出版 H23年度版），「ピータイルねこ」（三省堂 H27年度版）
全て岡田淳

①単元名

ファンタジー作品を読み，フリップを使って紹介しよう

②単元の目標

・気持ちを表す語句の量を増やし，フリップの説明などで使うことができる。（知・技(1)オ）

◎ファンタジー作品を読んで登場人物の行動や内言から，複数の叙述を関係付けて登場人物の気持ちの変化を具体的に想像することができる。（読むことエ）

・ファンタジー作品を読んで考えたことを伝え合い，一人一人の感じ方について違いのあることに気付くことができる。（読むことカ）

・ファンタジー作品の面白さを見付けながら進んで作品を読み，考えたことを伝えたり，４年生に紹介したりしようとする。（学びに向かう力等）

③単元の評価規準

	知識・技能	思考・判断・表現	主体的に学習に取り組む態度
単元の評価規準	・教科書教材や並行読書材で使われている言葉の工夫に着目し，紹介するための語句を増やしている。（知・技(1)オ）	◎登場人物の行動や内言などから，複数の叙述を関係付けて登場人物の気持ちを具体的に想像し，友達と伝え合っている。（読むことエ） ・ファンタジー作品を読んで，登場人物の気持ちを説明したり，面白さを伝えたりして，一人一人の感じ方の違いに気付いている。（読むことカ）	・ファンタジー作品の面白さを見付けながら進んで作品を読み，考えたことを伝えたり４年生に紹介したりしようとしている。

④質の高い言語活動の概要

（1）言語活動：ファンタジー作品を読んで，登場人物の気持ちに関連した面白いところを，フリップを使って伝え合う。

（2）言語活動の特徴と目標の実現との関連

今回扱う「フリップ」とは，登場人物の気持ちの変化や，イチおしの一文について紹介するためのものである。本単元では，登場人物の気持ちの変化を捉えて，物語の面白いところや好きなところをまとめることに重点を置く。「フリップ」は，次のような構成になっている。まず，登場人物の行動や会話，地の文から気持ちがよく表れている叙述を見付け，複数の叙述を関係付けて登場人物の気持ちを捉えて書くところ。そして，自分が読んで一番面白いと思ったところを場面の移り変わりと関連して捉え，本文を書き抜いて理由や感想などを書くところである。これにより，本単元の目標に焦点化して指導することができると考えた。

物語の一場面や登場人物の絵をかく。
※絵本の挿絵をコピーしてもよい。

一番面白いと思った叙述を抜き出す。

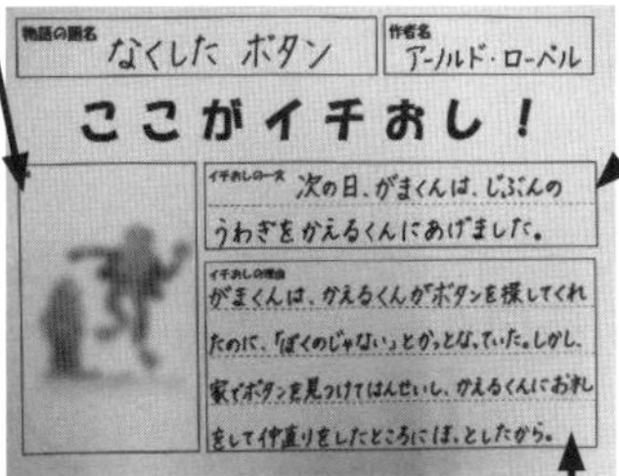

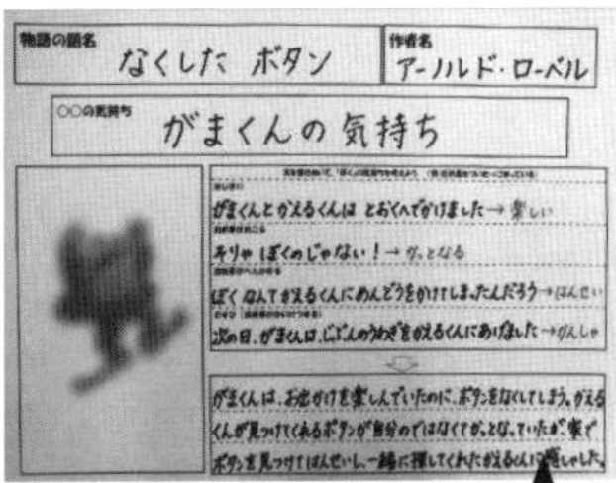

登場人物の気持ちを，行動や会話，地の文などの複数の叙述をもとに捉える。（読むことエ）

ファンタジー作品の面白いと思ったことを共有し，一人一人の感じ方について違いのあることに気付く。（読むことカ）
場面の移り変わりと結び付けてイチおしの理由を書く。（読むことエ）

▲フリップ

⑤単元計画（全11時間）

次	時	主な学習活動	
0次	0	・今までの読書体験を振り返り，読書意欲を高める。 ・教師や，ボランティアによる読み聞かせを聞く。 ・教師作成のフリップや話合いのビデオを見る。 【話合い活動（2）】	並行読書
1次	1	・学習の目的と単元のゴールを確認する。 ・どんなお話か確かめるために物語全体を読む。 ・並行読書材を選ぶ。	
2次	② ◇③	・登場人物を確認する。 ・物語の展開を出来事と出来事の変化を中心にワークシートにまとめる。	
	④ ◇⑤	・「ここがイチおし」を見付けるために，登場人物の気持ちが表れている叙述に着目し，全文シートに線を引く。 ・出来事を中心に，登場人物の気持ちをまとめる。 ・学習シートをもとに友達と交流する。 ・複数の叙述を関係付けると登場人物の気持ちがよりはっきり分かることに気付く。 【話合い活動（1）】	
	⑥ ⑦（本時） ◇⑧ ◇⑨	・友達に伝えたい「ここがイチおし」の場面と理由を学習シートに書く。 ・全文掲示に自分の名前を書いたシールを貼る。 ・「ここがイチおし」の理由を確かめたり，広げたり，深めたりするために，友達と交流をする。【話合い活動（3）】 ・登場人物の気持ちの変化を捉えると，物語の面白さを捉えやすいことに気付く。	
3次	◇⑩	・紹介に向けてフリップを作ったり準備をしたりする。 ・登場人物の気持ちの変化を，場面をつなげて書く。	
	◇⑪	・４年生に紹介する。 ・活動を振り返る。	

□…教科書教材
◇…教科書教材で学び取ったことを役立てる並行読書材

⑥この単元で設定する話合い活動と指導のポイント

（1）自分の考えをもつために

お気に入りの一文を見付けるために，物語全体の内容を押さえる。「ぼく」の気持ちが特に伝わってくる一文にサイドラインを引き，その時の「ぼく」の気持ちについて考えさせた。全文シートでサイドラインを引いた「ぼく」の気持ちを俯瞰させ，その中から一番のお気に入りを見付けるようにする。その際には，「ぼく」の気持ちを手がかりに，お気に入りの一文の理由を明確にするようにさせた。物語全体を俯瞰することで，「ぼく」の気持ちが表れている複数の叙述が比較しやすくなり，どれが一番お気に入りなのかを選びやすくした。

話合いをする際には，話し合う前に友達の考えを読み，友達の考えに対する自分の考えをあらかじめもっておくようにする。友達の考えを読み，それに対する自分の考えをもってから話合いに臨むことで，より話合いで一人一人の考えが深まると考えた。

（2）話合いのモデル文を作成し，ビデオで撮影する

望ましい話合いの仕方を，教師が考えて文章化することで，話合いの机間指導の際に効果的にアドバイスができると考えた。本単元では，目標が「登場人物の行動や内言から，複数の叙述を関係付けて登場人物の気持ちの変化を捉えることができる。」となっているため，単一の叙述から気持ちを想像して終わりにするのではなく，複数の叙述から気持ちの変化を捉えさせるようなモデル文にした。

さらに，ビデオで撮影して，実際に教師が話し合っている姿を見せることで子供たちが話合いのイメージをもてるようにした。このとき，教室に掲示してある話型（伝え合いの手がかり）を実際に使って話し合うことで，話型を扱って話合いをするには，どのように使えばいいのかが分かるようにした。右の話型が「伝え合いの手がかり」である。この話型は子供たちができるだけ日常で使用している言葉を拾い集めて作成をした。そのため最初の一言は「ねえねえ聞いて」となる。また，教室に掲示してある語彙表（人物の性格を表す言葉や気持ちを表す言葉）を使うようにした。さらに，子供たちの会話が叙述を根拠にして，話合いを進めてほしいので，「どうして（どこから）そう思ったの？」という話型も取り入れてモデル文を作成し，ビデオで撮影した。

（3）話合いを可視化する

どの一文を「イチおし」に選んだのかが分かるように，教科書の全文を１枚のシートにしたものを拡大して掲示（全文掲示）し，選んだ一文にシールを貼らせた。また，誰がどの文を「イチおし」に選んだのかが分かるように，シールには名前を書かせた。これにより，一目で学級の傾向が分かり，学級全体で交流する際の手助けとなった。

グループで話合い活動を行う場合も全文を１枚のシートにしたものを活用した。複数の叙述をつなげて登場人物の気持ちの変化を表す場合には，１枚のシートの中で，登場人物の気持ちが表れている複数の文にサイドラインを引くことが効果的だった。また，アドバイスをする際には，全文シートを指しながら行い，アドバイスを書いた付箋を友達のワークシートに貼るようにして，話合いが目に見えるようにした。

⑦本時の指導（7時間目／11時間）

（1）目標

・登場人物の気持ちの変化を捉えて，物語の面白いところや好きなところを「ここがイチおし」に書き，その理由をまとめることができる。

（読むことエ）

（2）展開

主な学習活動	時間（分）	主な発問（○）	指導上の留意点（・） 評価（◇）〔方法〕
1　本時のめあてとゴールを確認する。	5	○今日は，フリップの中の「ここがイチおし」の一文とその理由について学習をします。	・本時が言語活動とどのように関わっているのかを確認する。
2　「ここがイチおし」を友達と交流する。	25	○４年生にとって，物語の面白いところが伝わる，より分かりやすいフリップにしましょう。 ○「イチおし」の一文を選んだ理由が４年生に「なるほど！」と思ってもらえるように，グループでよりよくしましょう。 ○まだ，考えが途中の人は，友達と話合いをしてヒントをもらいましょう。 ○もうイチおしの理由ができた人は，グループの友達に４年生になったつもりで読んでもらいましょう。	・４人グループで活動する。 ・全文シートで本文の該当する箇所を指でさして，説明することを伝える。 ・話合いで友達の考えに納得したら，それを学習シートに書き加えてもよいことを伝える。 ・登場人物の気持ちの変化に気付いている子供を取り上げ，学級全体に紹介をする。 ・同じ叙述でも理由が違う場合は取り上げる。
3　振り返りを書く。	7	○今日の学習を振り返りましょう。 ○どのようにしたら，「ここがイチおし」の理由がはっきりしましたか。 ○明日の「選んだ本」の学習で役立てたいことは何ですか。	・複数の場面を取り上げて，それをまとめた言葉で表しているかを確認する。 ◇（読エ）登場人物の気持ちの変化を捉えて，物語のイチおしの理由を書いている。 〔学習シート〕
4　学習のまとめをする。	8	○振り返りを発表しましょう。	・今日の学習で学び取ったことや並行読書材で役立てたいことを学級全体で共有する。

⑧授業の実際（7時間目／11時間）

（1）グループでの話合いの場面

本単元では，登場人物の気持ちに関連した面白いところを「イチおしの一文」として選び，その理由を紹介する言語活動を設定した。その際には，場面の移り変わりと関連してどうしてその一文がイチおしなのかを説明することに重点を置いた。話合いでは，自分の考えをより分かりやすくするために友達の考えを求めている。実際の話合いは以下のように行われた。

T	自分のイチおしがもっとよく伝わるようにグループで話し合いましょう。
C1	ねぇねぇ聞いて！　私の「イチおし」の一文は，「でも，トラノスケがなんて言いたいのか，ぼくには，ようく，分かったよ。」だよ。【全文シート】　なぜかというと，最初，「ぼく」は，「動物の言葉が，分かればいいのになあ。」と興味をもっていて【全文シートを指さしながら】，動物たちの言っていることが分かるようになったよね。それで，最後は，動物の声は聞こえなくなったけれど，言いたいことが分かるようになったのがいいなと思ったからだよ。
C2	ぼくも同じ一文を選んだよ！　えっと，ぼくが思うのは，最後，動物の言いたいことが分かるようになったときの「ぼく」の気持ちを入れた方がいいと思うんだけど。どうかな？
C3	私もC２さんと同じアドバイスだよ。どんな気持ちだと思う？　嬉しい気持ち？　愉快な気持ち？
T	いい話合いをしているね。C１さん，教科書の文に着目すると「ぼく」の気持ちの変化が分かるかもよ？
C1	そっかあ。もう一度読んでみようよ。最初は○○だったでしょ。

発問・指示のポイント

登場人物の心情の変化は，全文シートを用いると物語全体が俯瞰できるので，特に読むことが苦手な子供でも捉えやすい。その全文シートに振り返らせる必要がある。子供たちの話合いは時々本文から離れてしまうので，教科書の叙述を根拠に話合いを進めるように話合いを修正するとよい。

（2）全体での話合いの場面

グループで話合いをした後に，全体で話合いを行った。全体での話合いでは，友達のアドバイスを聞いてよりよくなったところや，考えが変わったところについて話し合うことで，並行読書材で役立てたいことを学級全体で共有することを目的とした。

T　グループで話合いをして「ここがイチおし」の理由がはっきりした人は手を挙げましょう。
C１　私は，Ｃ２さんに「気持ちを付け足した方がいい」というアドバイスをもらって付け足したら理由がもっとよくなりました。
T　イチおしの理由をみんなに発表しましょう。【書画カメラ】
C１　私の「イチおし」の一文は，～略～
C１　ここの「愉快な気持ち」という言葉を付け加えました。
T　とてもいいですね。この素晴らしいアドバイスをした人は誰ですか？
C２　はい，ぼくはＣ１さんと同じ一文を選んでいました。それで，最後に「ぼく」の気持ちを付け加えるとイチおしの理由がはっきりすると思ったからアドバイスをしました。
T　なるほど，イチオシの理由をはっきりさせるためには，気持ちを考えることが大切なのですね。
T　では，どうやって「ぼく」の気持ちを考えたのですか？
C１　みんなで，全文シートを見ながら，「ぼく」の気持ちがどんな風に変わってきたのか考えていたら，あそこの語彙表の中の「愉快」って言葉がぴったりだったので，それを選びました。

発問・指示のポイント

全体で話合いを行うときは，「次時の並行読書材の学習では，自分一人で『イチおし』の一文を選んだ理由を考えることができる」ことを目標に話合いを進める必要がある。つまり，「何を学び取り，どう役立てるのか」ということを学級全体で確認し，その具体的な方法を積み重ねることが大切なのである。

3年 ❻「モチモチの木」（光村図書３年下）

並行読書材：『かみなりむすめ』『ふき』『猫山』　全て斎藤隆介

①単元名

大好きな登場人物を紹介人形で紹介しよう

②単元の目標

・性格を表す語句の量を増やし，登場人物の説明などで使うことができる。（知・技(1)オ）

◎紹介人形で登場人物の性格について紹介するために，登場人物の性格を場面の移り変わりと結び付けて具体的に想像することができる。（読むことエ）

・斎藤隆介作品を読んで考えたことを伝え合い，一人一人の感じ方について違いのあることに気付くことができる。（読むことカ）

・物語の面白さを見付けながら進んで作品を読み，思ったことや感じたことを伝えようとする。（学びに向かう力等）

③単元の評価規準

	知識・技能	思考・判断・表現	主体的に学習に取り組む態度
単元の評価規準	・教科書教材や並行読書材で使われている言葉の工夫に着目し，紹介するための語句を増やしている。（知・技(1)オ）	◎登場人物の行動や会話，地の文などから，複数の叙述を関連付けて登場人物の性格を捉えている。（読むことエ） ・物語を読んで，登場人物の性格を説明したり，友達の紹介を聞いたりして，一人一人の感じ方の違いに気付いている。（読むことカ）	・登場人物の性格に着目しながら進んで作品を読み，考えたことを伝えようとしたり登場人物について紹介したりしようとしている。

④質の高い言語活動の概要

（1）言語活動：斎藤隆介作品を読み，大好きな登場人物を紹介人形で紹介する。

（2）言語活動の特徴と目標の実現との関連

今回扱う「紹介人形」とは，登場人物の性格を紹介するためのものである。本単元では，物語の叙述をもとに登場人物の性格を明らかにしていくことに重点を置く。「紹介人形」の文章には，物語の設定や展開を捉える「あらすじ」，行動や会話などから登場人物の性格を捉える「登場人物の紹介（根拠となる叙述と性格）」，登場人物と自分を比較しながら考える「感想」が含まれるような内容に構成した。これにより，本単元の目標に焦点化して指導することができる。

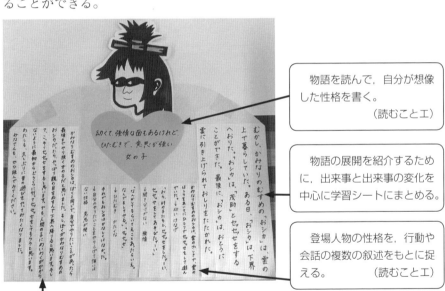

物語を読んで，自分が想像した性格を書く。（読むことエ）

物語の展開を紹介するために，出来事と出来事の変化を中心に学習シートにまとめる。

登場人物の性格を，行動や会話の複数の叙述をもとに捉える。（読むことエ）

自分の体験と結び付けて考えたことを交流し，一人一人の感じ方に違いがあることに気付く。（読むことカ）

▲紹介人形

⑤単元計画（全10時間）

次	時	主な学習活動	
0次	0	・今までの読書体験を振り返り，どんな登場人物がいたかを話し合う。 ・教師や，ボランティアによる斎藤隆介作品の読み聞かせを聞く。 ・教師作成の話合いのビデオを見る。	並行読書
1次	□1 ◇2	・学習の目的と「紹介人形で登場人物の性格を紹介する」という単元のゴールを確認する。 ・斎藤隆介の作品の中から並行読書材を選ぶ。	
2次	□3 ◇4	・登場人物がどういう人かについて話し合う。 ・登場人物の性格を紹介するために必要な出来事と，その出来事の変化を見付ける。	
	□5 □6（本時）	・登場人物のことがよく表れている叙述を探し，全文シートに線を引く。 ・全文シートを拡大した掲示物に自分の名前を書いたシールを貼り，自分の考えの根拠になっている叙述を友達と比べて交流する。 ・まず，同じ叙述を選んだ子供同士で交流をし，同じ叙述から想像した性格が似ていたり違ったりすることに気付く。 ・次に，違う叙述を選んだ子供同士で交流をし，どうしてその叙述から想像したのかや，自分とは違う叙述を選んだ理由を伝え合う。 ・登場人物の性格を表す叙述は物語全体に広がっていることに気付く。 ・複数の叙述を関係づけると登場人物の性格がよりはっきり分かることに気付く。【話合い活動（1）（2）】	
	◇7 ◇8	・登場人物の性格について考えたことをもとに，自分と登場人物を比べて感想を書く。	
3次	◇9	・「紹介人形」を完成させる。	
	◇10	・「紹介人形」を使って大好きな登場人物を紹介し合う。 ・感想を交流する。 ・単元の振り返りをする。	

□…教科書教材
◇…教科書教材で学び取ったことを役立てる並行読書材

⑥この単元で設定する話合い活動と指導のポイント

（1）話合いの目的を明確にする

子供たちにとって，今回の学習のゴールは，紹介人形を作り，自分の大好きな登場人物を紹介することである。ここでの話合いの大きな目的は，「紹介人形を作るために，登場人物の性格について考えたけれど，これで大丈夫かなあ？」というものである。そして，本時では，「自分の意見をよりよくするために友達に聞いてみたい」という話合いの目的になる。話合いの目的を明確にするためには，話合いの価値を自覚することが大切である。当該単元だけで話合いの価値を自覚させるのではなく，日々の学習の中で「友達と話し合ったからこんないいことがあった」という，話合いの価値を子供たちが体験しておくとよい。また，話合いの際には，友達の感じたことや思ったことを，自分の考えが書いてあるワークシートに付け足しをしてもよいことを伝え，友達の考えが大切であることを意識させながら活動ができるようにした。

今回の学習では，豆太の性格について特徴的な叙述を，「同じ叙述を選んだ友達との交流」，「違う叙述を選んだ友達との交流」という２パターンの交流を行った。

「同じ叙述を選んだ友達との交流」では，同じ叙述を選んで同じような性格を考えた場合や，同じ叙述を選んでも違う豆太の性格を考えた場合が考えられる。また，叙述を選ぶことはできたけれど豆太の性格をうまく表すことができない子供が，数名と交流することで自分の思いにぴったりの性格を捉えることができるようになる。

▲全文掲示に貼ってあるシールを見て交流相手を探す

「違う叙述を選んだ友達との交流」では，友達の考えを聞いて自分との違いを認めたり，自分とは違う考えに気付いたりすることを目指した。また，違う叙述を選んで同じような性格にたどりつく子供もいることに気付き，様々な考えがあることを体験することができた。以上のような話合いにより，一人一人の着目する叙述に違いがあることや，同じ叙述を選んでも一人一人の感じ方の違いにより，登場人物の性格の捉え方が一人一人異なることに気付いていく。

（2）話合いを可視化する

黒板には，拡大した全文を掲示し，自分が選んだところに自分の名前を書いたシールを貼る。これにより，交流の際に，自分と同じところを選んだ子供，違うところを選んだ子供を一目で把握することができ，子供が相手を自分で見付け，主体的に交流することができる。

また，全文シートとワークシートを一体化した学習シートを作成した。これは子供たち同士で交流する際に，どの叙述を根拠に自分の考えをもつようになったのかを分かりやすくするためである。子供たちは根拠となる叙述に線を引いたり，気持ちの変化を表す叙述を矢印で結んだりすることで，考えの過程を簡単に友達に説明ができるようにした。

場面の移り変わりによる気持ちの変化や，複数場面に描かれている性格を表す叙述を考えるとき，教科書や本のページをめくりながら考えることは，学習の支援が必要な子供には難しい。学習に不安がある子供や困りを抱えている子供にとっては，全文シートが使いやすい。全文シートは物語の全文が一目で分かり，自分の気付きや考えをメモすることができる。また，サイドラインを引いたり，複数の叙述を矢印で結んだりするなど自分の考えの軌跡を残すことができる。交流をする際に，全文シートに残された線や書き込みが，考えの根拠として活用できるのである。

⑦本時の指導（6時間目／10時間）

（1）目標

・登場人物の会話や行動・様子を表す叙述から登場人物のことがよく表れている叙述を見付け，複数の叙述を関係付けて登場人物の性格をまとめることができる。（読むことエ）

（2）展開

主な学習活動	時間（分）	主な発問（○）	指導上の留意点（・） 評価（◇）〔方法〕
1　本時のめあてとゴールを確認する。	2	○今日は，「モチモチの木」の豆太の性格について考える日ですね。	・学習計画や「紹介人形」を使って，本時の学習の目的を確認できるようにする。
2　登場人物の性格がよく表れている叙述に線を引く。	3	○「モチモチの木」の中で，豆太の性格がよく表れている文を見付けて線を引きましょう。	・単元の導入から前時までに意識させておき，すぐに線が引けるようにする。
3　黒板の全文シートに名前のシールを貼り，豆太の性格を学習シートに書く。	5	○線を引いたら，黒板に掲示した文にシールを貼りましょう。 ○シールを貼ったら，性格を学習シートに書きましょう。	・シールに自分の名前を書かせて，位置を確認する。 ・言葉を豊かにするために，性格を表す言葉を集めて掲示する。
4　自分と同じ叙述を選んだ友達を探して交流する。（1回目の交流）	8	○自信のない人は友達と交流してヒントをもらいましょう。自信のある人も自分の考えを更に広げ，書き加えましょう。	・学習シートで本文の該当する箇所を指でさして，説明することを伝える。
5　性格を表す叙述は物語全体に広がっていることに気付く。	8	○「お気に入りの一文の理由」を変更したい人や，付け足したいことがある人は書き加えましょう。	・複数の叙述を関係付けると性格がよりはっきり分かることに気付くようにする。
6　自分と異なる叙述を選んだ友達と交流する。（2回目の交流）	8	○豆太の性格について考えを確かめたり，広げたりするために，自分と違う文を選んだ友達を探して，交流しましょう。	・一人一人の感じ方について違いがあることに気付くようにする。
7　自分が想像した性格を書く。	6	○今日の交流を振り返って，自分が想像した豆太の性格を学習シートに書きましょう。	◇（読エ）複数の叙述を関係付けて登場人物の性格を考えている。〔学習シート〕
8　学習のまとめをする。	5	○並行読書材で役立てたいことは何ですか。	・今日の学習で学び取ったことや並行読書材で役立てたいことを学級全体で共有する。

⑧授業の実際（６時間目／10時間）

（１） １回目の交流の場面

本時は，登場人物の性格について自分の体験と結び付けて感想や考えをもつ７，８時間目の学習につながる。

今回の学習では，２回交流を行う。１回目の交流では，選んだ叙述にどんな性格が表れているか確かめたり，その考えを広げたりするために，自分と同じ叙述を選んだ友達を探して交流する。

T　それでは，まず，自分の選んだところと同じところを選んだ友達と交流をしましょう。今の自分と似たような考えをもっているかもしれません。友達と交流して自分が考えた豆太の性格と，その理由をよりはっきりさせましょう。

C１　ぼくが選んだ一文は，「――それじゃぁ，おらは，とってもだめだ――」だよ。それで，ぼくは，豆太は「弱虫な子」だと考えたんだけど，C２さんはどう？【全文シート】

C２　私も同じところを選んで「自信がない子」だと思ったよ。似ているね。

C１　分かる分かる。でも，本当に「弱虫な子」なら，じさまを助けに行けるかなあ。

C２　でも，ここに「おらは，とってもだめだ――」って書いているから，豆太は自分では強いとは思ってないと思うな。だから，豆太は自分のことが弱いって思うことがたくさんあったんじゃないかな？【全文シート】

C１　じゃあ，他にどこに書いてあるかな？

T　いい話合いをしているね。C１さんが気付いたように，いくつかの場面を比べて性格を考えてみると，よりはっきりするかもね。

発問・指示のポイント

同じ叙述を選んでいる子供同士の交流は，自分の考えを確かなものにするので，自分が考えた豆太の性格の根拠を，より明確にするようにアドバイスすることが大切である。その際には，自分の考えた豆太の性格を，複数場面の複数の叙述から導き出すように指示をするとよい。

（2）２回目の交流の場面

１回目の交流の後に登場人物の性格について書かれてある文章は１つではないことを確認した。そこで，２回目の交流では，自分と異なる叙述を選んだ友達と性格の捉え方を交流することで，物語全体に広がっている叙述を関連付けると登場人物の性格がよりはっきり分かるようにした。

T　それでは，今度は，自分と違うところを選んだ人と豆太の性格について交流してみましょう。自分と違うところを選んでいるので，「どの文章からそう思ったのか」と聞いてみると面白いですよ。
C１　ぼくが選んだ一文は，「――それじゃあ，おらは，とってもだめだ――」だよ。それで，ぼくは，豆太は「弱虫で自信のない子」だと考えたんだけど，C３さんはどうかな？【全文シート】
C３　そうなんだ。その考えいいね。私が選んだ一文は「豆太は，子犬みたいに体を丸めて，表戸を体でふっとばしてはしりだした。」だよ。
【全文シート】
「医者様をよばなくっちゃ。」って思ってじさまのために夢中で頑張っているから「勇気がある子」だと考えたよ。
C１　なるほどね。ぼくは弱虫って考えたけどC３さんは勇気があるって考えたんだね。なんだか反対の性格みたい。性格は１つじゃなくて色々あるのかあ。
C３　そうだね。豆太は，弱虫だけど勇気がある子なのかなあ。
T　C１さん，C３さん，いいところに気が付いたね。さっき，C１さんが物語全体に豆太の性格が描かれているって言っていたよね。他にはどんな性格があるのか，どういうところからそう思ったのか他の友達とも交流してみたら？

発問・指示のポイント

違う叙述を選んでいる子供同士の交流は，異なる考えに触れるよい機会である。異なる考えは必ずしも対立するわけではなく，一人一人の考えが深くなる体験をさせたい。また，子供たち一人一人がどの叙述に対してどのような性格を捉えたのかを共有するために，全文シートの複数の叙述をもとにした交流をするように促すことも大切である。

4年 ❼「プラタナスの木」（光村図書４年下）

並行読書材：『るすばん』川村たかし，『ポレポレ』西村まり子

①単元名

心に残ったところを「思いのとびら」で伝えよう

②単元の目標

・気持ちや性格を表す語句の量を増やし，「思いのとびら」を書く際に使うことができる。（知・技(1)オ）
・目的を意識しながら，あらすじをまとめることができる。（読むことウ）
◎複数の叙述を関連付けて，登場人物の気持ちの変化や性格，情景を具体的に想像することができる。（読むことエ）
・物語を読んで感じたことや考えたことを伝え合い，一人一人の感じ方について違いのあることに気付くことができる。（読むことカ）
・進んで作品を読み，主人公の人柄やあらすじ，心に残ったところを「思いのとびら」に書こうとしたり，５年生に内容を説明しようとしたりする。（学びに向かう力等）

③単元の評価規準

	知識・技能	思考・判断・表現	主体的に学習に取り組む態度
単元の評価規準	・教科書や並行読書材で使われている言葉の工夫に着目し，「思いのとびら」で伝えるための語句を増やしている。（知・技(1)オ）	・目的を意識しながら，適切な分量を考えてあらすじをまとめている。（読むことウ） ◎複数の叙述を関連付けて，登場人物の気持ちの変化や性格，情景を捉え，具体的に想像しようとしている。（読むことエ） ・感じたことや考えたことを伝え合い，一人一人の感じ方の違いに気付いている。（読むことカ）	・進んで作品を読み，主人公の人柄やあらすじ，心に残ったところを「思いのとびら」に書こうとしたり，５年生に内容を説明しようとしたりしている。

④質の高い言語活動の概要

（1）言語活動：物語を読んで，登場人物の性格やあらすじ，心に残ったところを「思いのとびら」を使って伝える。

（2）言語活動の特徴と目標の実現との関連

本単元で扱う「思いのとびら」には，「登場人物の性格」，「物語のあらすじ」，「物語を読んで心に残ったところ」が含まれる。また「思いのとびら」を５年生に伝えるという単元のゴールを設定し，「Ｃ　読むこと」の指導事項「エ　登場人物の気持ちの変化や性格，情景について，場面の移り変わりと結び付けて具体的に想像すること。」及び「ウ　目的を意識して，中心となる語や文を見付けて要約すること。」を身に付けさせることをねらいとした。なお，ウは主に説明的文章の精査・解釈の指導事項であるが，ここでは文学的な文章のあらすじをまとめる資質・能力を育成するために取り上げている。

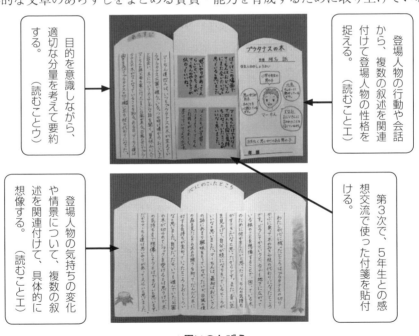

目的を意識しながら、適切な分量を考えて要約する。（読むことウ）

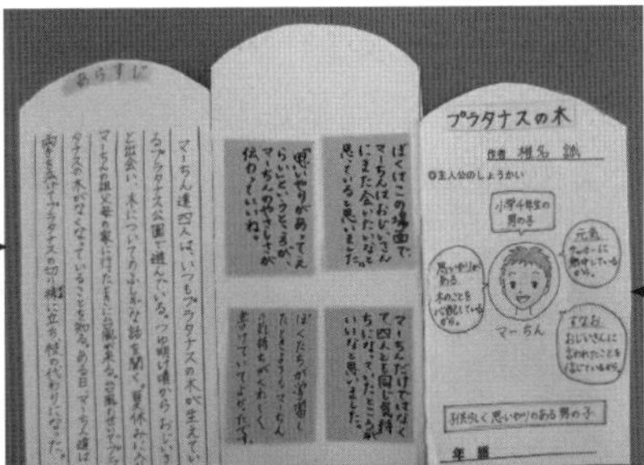

登場人物の行動や会話から、複数の叙述を関連付けて登場人物の性格を捉える。（読むことエ）

登場人物の気持ちの変化や情景について、複数の叙述を関連付けて、具体的に想像する。（読むことエ）

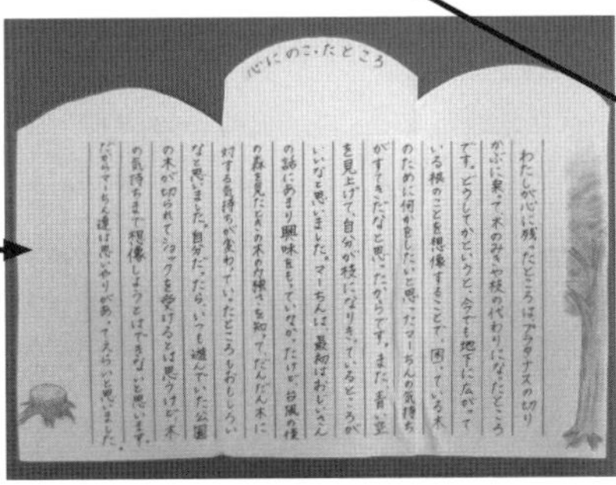

第3次で、5年生との感想交流で使った付箋を貼付ける。

▲思いのとびら

⑤単元計画（全12時間）

次	時	主な学習活動	
0次	0	・並行読書材の２作品を読み聞かせ等で先行読書する。 ・教師作成の話合いのビデオを見る。　【話合い活動（3）】	
1次	1	・「思いのとびら」を使って，心に残ったところを５年生に伝えるという学習のめあてをつかみ，学習の見通しをもつ。 ・「プラタナスの木」での学習を並行読書材に活かすことを見返す。	
2次	□2 ◇3	・場面の移り変わりに注意しながら読み，物語の設定や展開を押さえる。 ・登場人物の気持ちの変化を捉えて，物語のあらすじを書く。	
	□4 ◇5	・登場人物のことがよく表れている叙述を探し，線を引く。 ・叙述からどんな性格が表れているかを考え，「思いのとびら」の「登場人物の紹介」のページを書く。	並行読書
	□6 ◇7	・物語の心に残ったところを見付け，全文掲示に自分の名前を書いたシールを貼る。 ・心に残ったところの理由を考えて書く。 ・同じグループの友達の文章を読み，アドバイスを付箋に書く。 【話合い活動（1）】	
	□8 ◇9（本時）	・心に残ったところの理由をよりよくするために，グループで話し合う。 ・友達と話し合ったことをもとに，心に残ったところの理由を再度考えたり書き加えたりする。　【話合い活動（2）】	
3次	◇10 ◇11	・「思いのとびら」を完成させる。	
	◇12	・５年生に心に残ったところを伝える。	

□…教科書教材
◇…教科書教材で学び取ったことを役立てる並行読書材

⑥この単元で設定する話合い活動と指導のポイント

（1）考えを形成する

心に残ったところの理由をよりよくするための話合いでは，事前に同じグループの友達の文章をコピーして配り，子供が話合いの前に目を通しておくことができるようにする。ワークシートには，「このときのマーちんの気持ちをもっと書きたい」や「理由をもっと分かりやすくするには何を付け足せばいいか」等，友達に聞きたいことも書かせるようにした。同じグループの子供は，それらに対してのアドバイスを考えたり，また友達の文章において「ここがいいな」「もっとこうしたらいいな」というところを見付けたりして，話合いの前に自分の考えを付箋に書いておく。そのような事前の活動を行うことによって，実際の話合いでは，どの子供も自分の意見を伝えることができた。

また，話合いの中で，アドバイスを書いた付箋を相手に渡すことにより，指摘を受けた子供も話合いのときには話合いに集中し，話合いが終わったら付箋を読み返して，自分の考えを見直したり修正したりできると考える。

（2）話合いを可視化する

心に残ったところの理由をよりよくするための話合いでは，友達のワークシートを読んで事前に書いておいた付箋をもとに交流を行う。自分の意見を伝えながら付箋を友達のワークシートに貼っていくことで，今何について話をしているのかが明確になり，話合いが可視化されるようになる。

また，話合いの際には，本文に即して話合いが進むよう，全文シートを机上に置き，根拠となる文を指し示すようにした。全文シートを用いることは，話合いの可視化にも有効な手立てである。

(3) 話合いのモデル

望ましい話合いのモデルとして，教師が子供役となり，話合いのモデル文を作成してビデオを撮影したものを子供たちに見せた。下の話合いのモデル文は，実際に子供に配布した文の一部である。本単元で扱う教材は「プラタナスの木」であるが，子供が実際に話合いを行う際に，話合いのモデルと全く同じような話合いになるのを避けるため，本単元では扱わない別の教材での話合いとした。

また，話合いのモデル文では，「どこからそう思ったの？」や「つながるね」等の，話合いのポイントになる言葉を囲み罫線で表すようにし，本文の叙述をもとにして話合いを行うことや，登場人物の気持ちの変化や性格について，場面の移り変わりと結び付けて捉えることを強調した。

「よりよい理由にするため」の話し合いのモデル

～『白いぼうし』～　　年　組　名前

浅井	じゃあ私からね。みんなに聞きたいのは、仲間のところにもどることができた時の、ちょうの気持ちをもっと書きたいことなんだけど、「すごくうれしかった」の他に、何かありますか。	質問する時
高木	松井さんへの「ありがとう」っていう気持ちがあると思う。	
渡邊	それ、ぼくも書いた！「松井さん、ありがとう」って。	
浅井	ああ、松井さんへの感しゃの気持ちね。どこからそう思った？	同じ考え 別の言葉で言いかえる
高木	ここ（教科書を指して）で、松井さんはぼうしをつまみ上げて、とじこめられていたちょうをにがしたよね。	使いたい言葉 教科書を指差す
渡邊	しかも、ここ（教科書を指して）で、女の子に化けたちょうを菜の花横町まで送ってあげたんだよ。だから、「松井さんありがとう」っていう気持ちだと思う。	教科書を指差す
浅井	なるほどね。ちょうの気持ち、他にもある？	
渡邊	これは自分が元々書いていたんだけど、「みんなのところに帰れてよかったな。もう安心だ。」って書いたよ。	
浅井	ああ、「安心」って言葉いいね。たしかに、「男の子につかまえられたちょうは、せまくて暗いぼうしの中ですごくこわい思いをしたのだと思う」って、私書いていたし。つながるね。	いいなと感じたこと 使いたい言葉
高木	それって、「ほっとした」っていうこと？	別の言葉で言いかえる
浅井	その言葉もいいね。高橋さんは、何て書いた？	いいなと感じたこと 発言が少ない子に意見を聞く
高橋	「やっと帰れた！みんなに会いたかった！無事に帰れてよかった！」って書いたよ。	
浅井	「みんなに会いたかった」っていうのは、思いつかなかったな。なるほど。	
渡邊	その「！」もいいね。ちょうががんばって逃げてきた感じが伝わらない？	いいなと感じたこと
高木	ああ、必死な感じね。わかるわかる。ここ（教科書を指して）で、「つかれたような声でした」って書いてあるしね。	使いたい言葉 教科書を指差す
浅井	なるほど。他に、直した方がいいところはある？	
渡邊	ここ（指差して）、「言いながら」よりも「言い合いながら」にしたらいいかなと思ったんだけど、どう？	
浅井	どうして？	分からないと感じたら、えんりょせずに聞く。
渡邊	だって、「言いながら」だと、なんか白いちょうが一匹で「よかったね、よかったよ。」って言ってるみたいじゃない？でも、「言い合いながら」だと、何匹かのちょうが口々に言ってる感じ。ほら、教科書のここ（指差して）にも、「白いちょうが、二十も三十も、いえ、もっとたくさん飛んでいました」って書いてあるから、みんなで言ってるんだよ。	教科書を指差す
全員	ああ〜。	使いたい言葉
浅井	他に直した方がいいところはある？	
高橋	ないかなあ。じゃあ、いいなと思ったところを言うよ。まず、ここ（指差して）の「男の子につかまえられてしまったちょうが、松井さんのおかげで助かって、わたしもよかったなあと思ったから」っていうところがいいなと思った。「よかったなあ」だけじゃなくて、「男の子につかまえられてしまった」とか「松井さんのおかげで」とか、付け足してたから。	よかったところを伝える時
高木	うん、くわしく書いているよね。あと、ここは、私は「景色が美しいから」っていう理由だったけど、でも浅井さんは「ちょうが助かってよかったから」っていう理由だよね。私は書いていなかったから、いいなと思ったよ。	自分の考えとのちがいを伝える
高橋	ぼくは、浅井さんの理由の方と近いなあ。	自分は、どの立場か
渡邊	ぼくもそうかも。あと、さっき高橋さんが言っていた「くわしく書いていていい」っていうことに付け足しなんだけど、ぼくが線を引いた（ワークシートを見せて）、「せまくて暗いぼうしの中ですごくこわい思いをしたのだと…」ってところも、ちょうの気持ちをくわしく書いているね。	使いたい言葉
高木	あと、最後の「わたしも、」からがいいよね。	
渡邊・高橋	うんうん、ぼくも線引いた！	
渡邊	ぼく、「自分だったら」っていうのが思いつかなかったんだけど、浅井さんの話面白いなって。	
浅井	みんなも、迷子になったことない？	
高橋	あるある。1年生の時、アリオで迷子になってさ。	
高木	そういう迷子じゃなくて、もっと大変なやつじゃない？ここで書くのは。	
高橋	どういうこと？	分からないと感じたら、えんりょせずに聞く
高木	だって、はぐれたちょうは、自分がどこにいるかさえわからなかったんだよ。アリオで迷子になるより怖いよ。	
浅井	たしかに。ここ（教科書を指して）に、「道にまよったの。」って書いてあるね。「行っても行っても」って、すごく疲れてる感じがする。	教科書を指差す
高橋	じゃあ、どんな迷子があったかなあ…。	
渡邊	ねえ、そろそろ次の人のにいった方がいいんじゃない？迷子の話は、いったんおいておこうよ。	次の話題への切りかえ
全員	そうだね。	
浅井	じゃあ、みんな考えてくれてありがとう。	話し合いの最後

⑦本時の指導（９時間目／12時間）

（１）目標

・物語の心に残ったところを説明するために，登場人物の気持ちの変化や情景について，複数の叙述を関連付けて，具体的に想像することができる。

（読むことエ）

（２）展開

主な学習活動	時間(分)	主な発問（○）	指導上の留意点（・）評価（◇）〔方法〕
1　本時の学習の確認をする。	2	○今日は，心に残ったところの理由を友達と話し合って，よりよい理由にしましょう。	・学習計画や「思いのとびら」のモデルを使って，本時の学習のめあてを確認できるようにする。
2　友達の文章のコピーに貼ったアドバイスの付箋を読み返す。	2	○グループの友達の文章に貼ったアドバイスを書いた付箋を読み返しましょう。	・「心に残ったところの理由が，もっとよく５年生に伝わるようにする」という話合いの目的を意識させる。
3　グループで，理由をよりよくするために話し合う。	25	○グループの友達と話し合って，自分の理由がもっとよく５年生に伝わるような理由にしましょう。	・それぞれ発表者の全文シートをもとに，叙述に即して話し合えるようにする。
4　付け足しをする。	3	○友達からもらった付箋を読み返して，自分の理由を変えたり付け足したりしましょう。	・友達のアドバイスを全て写すのではなく，自分が変えた方がよくなると思うところを変えるようにする。
5　グループで話し合ったことをもとに，全体で交流する。	7	○話合いをして，心に残ったところの理由がよりよくなったのは，どんなところですか。	・話合いのポイントに沿って話合いができていた子供を指名する。 ・色々な考え方が出た際に，感じ方の違いを全体で共有する。
6　振り返りをする。	3	○今日の学習で，どうしたら理由がよりよくなったかを書きましょう。	◇（読エ）登場人物の気持ちの変化や情景について，複数の叙述を関連付けて，具体的に想像している。〔発言，ワークシート〕
7　学習のまとめをする。	3	○今日学習したことで，並行読書材で役立てたいことは何ですか。	・今日の学習で学び取ったことや並行読書材で役立てたいことを学級全体で共有する。

⑧授業の実際（9時間目／12時間）

（1）グループでの話合いの場面

本単元では，物語を読んで心に残ったところとその理由が，紹介する相手である5年生に伝わるようなものにしなければならない。そのために，本時では，グループで心に残ったところの理由を読み合い，5年生にもっとよく伝わるような理由にするための話合いをした。実際の話合いは以下のように行われた。

T　友達と話し合って，心に残ったところの理由をよりよくしましょう。

C1　ぼくが心に残った場面は，「両手を広げてプラタナスの切りかぶに乗っていると，みんなが木のみきや枝になったみたいだ」のところです。【全文シート】 どうしてかというと，プラタナスの木が切られてかわいそうだと思ったマーちんたちが，芽が出るまでみきや枝の代わりになろうとしたのがやさしいなと思ったからです。どうですか。【ワークシート】

C2　「プラタナスの木が切られてかわいそうだ」っていうことに付け足しで，マーちんたちは，プラタナスの木が元気になったら，またおじいさんが公園に戻ってくると思ったから，みきや枝の代わりになったんじゃないかな。【ワークシート，付箋】

T　C2さん，マーちんたちはまたおじいさんに会いたいと思っているんだね。ここより前の文で，マーちんたちがおじいさんに会いたいと思った理由につながるところはないかな？

発問・指示のポイント

登場人物の気持ちについて話合いが進んでいる際には，場面の移り変わりと結び付けた気持ちの変化を想像できるようにするとよい。複数の場面の叙述を結び付けることで，より5年生に伝わるような理由になると考える。

（2）全体での話合いの場面

グループで話合いをした後に，全体で話合いを行った。全体での話合いでは，グループでの話合いを通して，心に残ったところの理由が，何がどのようによりよくなったのかを発表するようにした。理由の変化について全体で共有することで，子供は，心に残ったところの理由の書き方が一通りではなく，考え方が他にもあることや，自分だけでは気付かなかった表現の仕方に気付くことができた。

T	では，グループで話し合ってよりよくなったところを教えてください。
C1	ぼくは「プラタナスの木が切られてかわいそう」と書いていたのですが，「台風の中で頑張って耐えていた」という文を付け足しました。
T	どうしてその文を付け足したのですか。
C1	同じグループのC2さんが「台風の中で耐えていた頑張りも付け足すといいよ」と教えてくれたからです。
T	C2さん，どうしてその文を付け足した方がいいと思ったのかな？
C2	台風で耐えたってことも書くと，切られてしまったプラタナスの木に対して，マーちんたちが「かわいそう」と思ったことがより伝わるかなと思ったからです。
T	なるほど。他に，グループで話し合ってよりよくなったところがある人はいますか。
C3	マーちんたちが木のみきや枝の代わりになったところで，マーちんたちの気持ちを「うれしい」と書いていましたが，C4さんに教えてもらって「心温まる」に変えました。
T	C4さん，どうして「心温まる」の方がぴったりだと思ったのかな？
C4	プラタナスの代わりにみきや枝になったマーちんたちは，「大きく息をすって」という文からも心が満たされているんだと思ったので，「うれしい」よりもぴったりな言葉を類語辞典で探したら，「心温まる」を見付けました。

発問・指示のポイント

理由がどうしたらよりよくなったのかを引き出すような発問をするとよい。子供は，次時の並行読書材で役立てることを意識できるようになる。

4年 ❽「ごんぎつね」（光村図書４年下）

並行読書材：『おこんじょうるり』さねとうあきら，『うみのひかり』緒島英二，
『サーカスのライオン』川村たかし

①単元名

本しゃべリストになって　心に残ったところを伝えよう

②単元の目標

・気持ちや性格を表す語句の量を増やし，登場人物の気持ちや性格を書く際に使うことができる。（知・技(1)オ）
・登場人物の行動や会話から，複数の叙述を関連付けて，登場人物の気持ちの変化や性格，情景を具体的に想像することができる。（読むことエ）
◎物語を読んで感じたことや考えたことを伝え合い，一人一人の感じ方について違いのあることに気付くことができる。（読むことカ）
・進んで作品を読み，主人公の人柄やあらすじ，心に残ったところを書こうとしたり，５年生に内容を説明したりしようとする。（学びに向かう力等）

③単元の評価規準

	知識・技能	思考・判断・表現	主体的に学習に取り組む態度
単元の評価規準	・教科書や並行読書で使われている言葉の工夫に着目し，気持ちや性格を表す語句の量を増やしている。（知・技(1)オ）	・登場人物の行動や会話から，複数の叙述を関連付けて，登場人物の気持ちの変化や性格，情景を捉え，具体的に想像しようとしている。（読むことエ） ◎感じたことや考えたことを伝え合い，一人一人の感じ方の違いに気付いている。（読むことカ）	・進んで作品を読み，主人公の人柄やあらすじ，心に残ったところを書こうとしたり，５年生に内容を説明しようとしたりしている。

④質の高い言語活動の概要

（1）言語活動：物語を読んで，登場人物の性格やあらすじ，心に残ったところを「本しゃべリスト」になって伝える。

（2）言語活動の特徴と目標の実現との関連

本単元では，物語を読んで感じたことや考えたことを共有することに重点を置く。「本しゃべリスト」になって，登場人物の性格やあらすじ，心に残ったところをワークシートに書き，その後５年生に伝えることを単元のゴールとした。この言語活動によって，「C　読むこと」の指導事項「カ　文章を読んで感じたことや考えたことを共有し，一人一人の感じ方などに違いがあることに気付くこと。」を指導することができる。

「あらすじ」
物語の最も心に残る場面を意識しながら，あらすじをまとめる。
（読むことウ（既習））

「主人公の紹介」
登場人物の行動や会話から，複数の叙述を関連付けて登場人物の性格を捉える。
（読むことエ）

「心に残ったところ」
登場人物の気持ちの変化や情景について，複数の叙述を関連付けて，具体的に想像する。（読むことエ）

５年生の感想を聞くことで，一人一人の感じ方の違いに気付く。
（読むことカ）

▲本しゃべリスト

⑤単元計画（全11時間）

次	時	主な学習活動	
0次	0	・並行読書材の作品を読み聞かせや宿題，朝読書等で先行読書する。 ・教師作成の話合いのビデオを見る。	並行読書（↓）
1次	1	・「本しゃべリスト」になって，心に残ったところを５年生に伝えるという学習のめあてを知り，学習の見通しをもつ。【話合い活動（１）】 ・「ごんぎつね」での学習を並行読書材に活かすことについて見返す。	
2次	□2 ◇3	・場面の移り変わりに注意しながら読み，物語の設定や展開を押さえる。 ・登場人物の気持ちの変化を捉えて，物語のあらすじを書く。	
	□4 ◇5	・登場人物のことがよく表れている叙述を探し，線を引く。 ・登場人物からどんな性格が表れているかを考え，登場人物の紹介を書く。	
	□6 ◇7	・物語の心に残ったところを見付け，全文掲示に自分の名前を書いたシールを張る。 ・心に残ったところの理由を考えて書く。 ・同じグループの友達の文章を読み，アドバイスを付箋に書く。【話合い活動（１）（２）】	
	□8 ◇9 （本時）	・心に残ったところの理由をよりよくするために，グループで話し合う。 ・友達と話し合ったことをもとに，心に残ったところの理由を再度考えたり書き加えたりする。	
	◇10	・「本しゃべリスト」になって，５年生に心に残ったところを伝える練習をする。	
3次	◇11	・「本しゃべリスト」になって，５年生に心に残ったところを伝える。	

□…教科書教材
◇…教科書教材で学び取ったことを役立てる並行読書材

⑥この単元で設定する話合い活動と指導のポイント

（1）話し合う目的を明確化する

心に残ったところの理由を話し合う際には，何のために話合いをしているのか，子供に目的を明確にもたせておく必要がある。

まず，単元のゴールである「本しゃべリスト」の伝え方を，教室に掲示しておく。最終的な伝え方のモデルを，子供がいつでも確認できるようなところに掲示しておくことで，話合いの際に，何のために話合いをしているのかが意識できると考えた。実際の話合いでは，「ごんを火縄銃で撃った時の兵十の気持ちが，『びっくりした』だけだと５年生には伝わらないと思う」や「私が５年生だったら，兵十に火縄銃で撃たれたごんが，どうして『うれしい』と思ったのか，もっと聞きたいと思う」などのように，最終的に伝える相手が５年生であることを意識した発言が見られた。

また，「本しゃべリスト」の伝え方の掲示物には，心に残ったところとその理由の伝え方として，「最初は主人公が○○という気持ちだったのに，（出来事）があって○○という気持ちに変化したのが，（自分の気持ち，感想）と思ったからです」という話型も示した。子供は，伝え方の話型を確認しながら話合いを進めることができ，心に残った場面について，登場人物の気持ちを一つの場面からだけで書いている子供には，「いくつかの場面をつなげて，気持ちの変化を書くと，もっと５年生に伝わるような理由になるよ」とアドバイスをすることができていた。

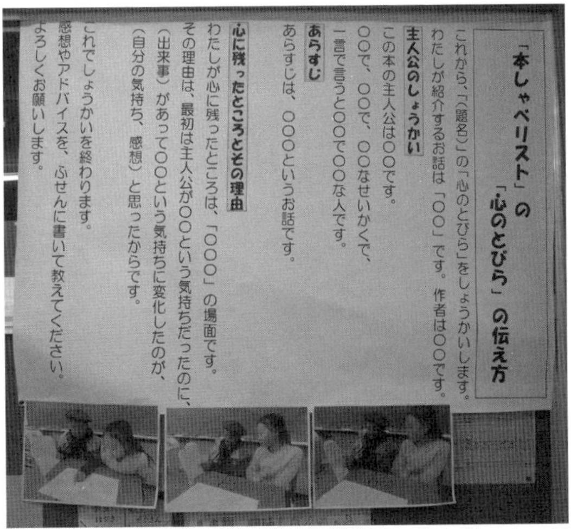

（2）話合いの机の形を工夫する

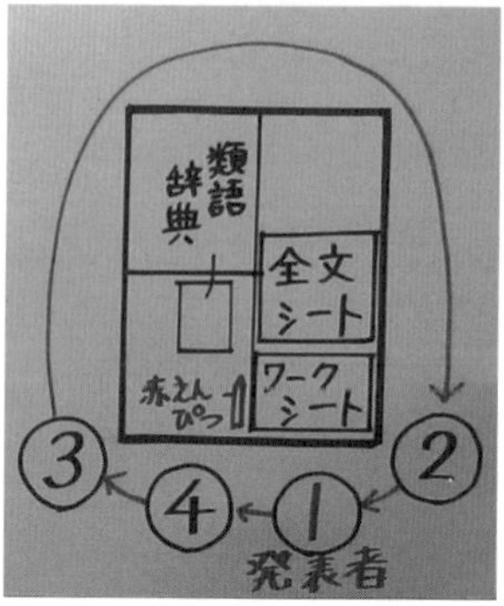

心に残ったところの理由をよりよくするための話合いでは，４人組で１つのグループを構成し，同じグループの友達の考えについて，その他の全員で考えていく。そのために，発表している子供のワークシートや全文を，残りの３人の子供が同じ向きで見ることができるよう，右図のように話合いの形を整えた。グループの子供がみな同じ方向を向いていること，また４人の子供の距離が近いことが，子供にとっての話合いのしやすさにつながったと考える。また，話し合う際の机上の環境においても，置き場所を全体で確認して掲示しておくことで，類語辞典や全文シート等，話合いに必要なものをすぐに使うことができた。このような話合いの机の形は，登場人物の気持ちの変化や性格について，「ここが～だから」と全文シートを指しながら話し合うことにも有効であった。

また，話合いの決められた時間の中で４人全員が発表者になり，それぞれの心に残ったところの理由がよりよくなるよう話し合うが，発表者の子供によっては，話合いにかかる時間が多く必要だったり，または少しでよかったりすると考えた。よって，発表者を交代する際の時間の区切りは，教師側からは提示せずに，各グループで１人目の理由についての話合いが終わったところで，「じゃあ次は○○さんね」と，席の移動をしながら話合いを進めるようにした。

⑦本時の指導（9時間目／11時間）

（1）目標

・物語の心に残ったところを説明するために，登場人物の気持ちの変化や情景について，複数の叙述を関連付けて，具体的に想像することができる。

（読むことエ）

（2）展開

主な学習活動	時間（分）	主な発問（○）	指導上の留意点（・） 評価（◇）〔方法〕
1　本時の学習の確認をする。	2	○今日は，心に残ったところの理由を友達と話し合って，よりよい理由にしましょう。	・学習計画や「本しゃベリスト」のモデルを使って，本時の学習のめあてを確認できるようにする。
2　友達の文章のコピーに貼ったアドバイスの付箋を読み返す。	2	○グループの友達の文章に貼った，アドバイスを書いた付箋を読み返しましょう。	・「心に残ったところの理由が，もっとよく5年生に伝わるようにする」という話合いの目的を意識させる。
3　グループで，理由をよりよくするために話し合う。	25	○グループの友達と話し合って，自分の理由がもっとよく5年生に伝わるような理由にしましょう。	・それぞれ発表者の全文シートをもとに，叙述に即して話し合えるようにする。
4　付け足しをする。	3	○友達からもらった付箋を読み返して，自分の理由を変えたり付け足したりしましょう。	・友達のアドバイスを全て写すのではなく，自分が変えた方がよくなると思うところを変えるようにする。
5　グループで話し合ったことをもとに，全体で交流する。	7	○話合いをして，心に残ったところの理由がよりよくなったのは，どんなところですか。	・話合いのポイントに沿って話合いができていた子供を指名する。 ・色々な考え方が出た際に，感じ方の違いを全体で共有する。
6　振り返りをする。	3	○今日の学習で，どうしたら理由がよりよくなったかを書きましょう。	◇（読エ）登場人物の気持ちの変化や情景について，複数の叙述を関連付けて，具体的に想像している。 〔発言，ワークシート〕
7　学習のまとめをする。	3	○今日学習したことで，並行読書材で役立てたいことは何ですか。	・今日の学習で学び取ったことや並行読書材で役立てたいことを学級全体で共有する。

⑧授業の実際（７時間目／11時間）

（1）グループでの話合いの場面

本単元では，物語を読んで心に残ったところとその理由を話し合い，５年生に伝えるために理由をよりよくしなければならない。そのために，どうしたら分かりやすくなるか，また１つ上の学年の５年生に伝えるのにふさわしい言葉は何かなどを皆でアドバイスすることになる。実際の話合いは以下のように行われた。

T　それでは，グループの友達と話し合って，心に残ったところの理由をよりよくしましょう。
C１　私が心に残ったところは，兵十のおっかあが死んだのは自分のせいだとあなで考えているところです。【全文シート】
その理由は，最初いたずらばかりしていたのに，兵十のおっかあが死んで申し訳ないと思っていわしをなげたり，いたずらをしなくなったりしたのが，えらいなと思ったからです。もっとよくしたいと思ったところは，「申し訳ない」という言葉です。もっと違う言葉で，詳しく書きたいんだけど…。【ワークシート】
C２　ぼくだったら「後悔をして」って書くな。【類語辞典】
T　類語辞典を使っているね。Ｃ２さんは，どこから後悔って思ったの？
C２　ここに「あんないたずらしなけりゃよかった」って書いてあったから。【全文シート】

発問・指示のポイント

話合いの中で，類語辞典を使ってぴったりの言葉を探すことがあるが，それだけではなく，どうしてその言葉がぴったりだと思ったのかを考えさせることで，全文を読みながら叙述をもとに想像できるようにするとよい。

（2）全体での話合いの場面

グループで話合いをした後に，付け足しの時間を取り，その後全体で話合いをした。全体の話合いでは，友達のアドバイスを聞いてよりよくなったところを発表した。アドバイスをした子供には，全文シートの中のどこからそう思ったのかを聞き，叙述から考えたことを全体で確認するようにした。

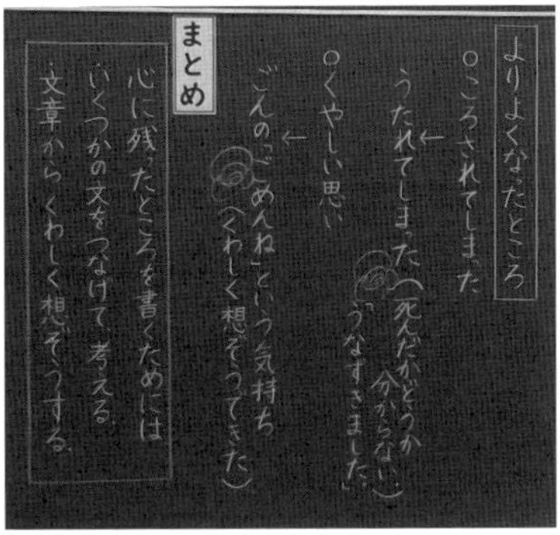

T　話合いをして，よりよくなったところを発表しましょう。
C1　最後の場面で，ぼくは「自分のやっていたことを兵十に分かってもらえて，ごんはうれしい気持ちになったと思う」と書いていたのですが，C2さんに，「神様のしわざとされてつまらなかった気持ちも書いた方がいいんじゃない？」と言われて，その気持ちを付け足しました。
T　C2さん，ごんの「つまらない」という気持ちは，どこからそう思ったのですか？
C2　ここの「おれは引き合わないなあ」というところです。【全文掲示】
T　なるほど，ここで（全文シートに線を引いてつなげながら）「つまらない」という気持ちだったけれど，ここで「うれしい」という気持ちに変わったのですね。気持ちをつなげたことで，理由がよりくわしく伝わるものになりましたね。【全文掲示】　他に，よりよくなったところがある人はいますか？
C3　同じく最後の場面で，私は「ころされてしまったごんが」と書いていましたが，C4さんに「うたれてしまった」の方がいいんじゃないかと言われて，変えました。
T　C4さん，どうして「うたれてしまった」の方がいいと思ったのですか？
C4　ごんは最後にうなずいて，死んでしまったかは分からないからです。

発問・指示のポイント

どこの叙述から想像したのかを発表させ，黒板に貼った全文シートに教師が線を引いていくことで，場面の移り変わりが視覚的に分かるようになった。

5年 ❾「なまえつけてよ」（光村図書５年）

並行読書材：『南小，フォーエバー』『プラネタリウム』『雨やどり』『正』　全て重松清

①単元名

登場人物の関係が描かれている物語を，クチコミですいせんしよう

②単元の目標

・気持ちや性格を表す語句を中心に文章中で使いこなせる語句を増やしている。（知・技(1)オ）

◎登場人物の相互関係や心情，人物像や物語の全体像を具体的に想像することができる。（読むことエ）

・クチコミのために考えた「作品の魅力」について，互いの意見や感想の根拠を明らかにして理解したり，そのよさを認め合ったりすることができる。（読むことカ）

・登場人物の相互関係が描かれている物語を自分の経験と比べて読み，「クチコミ」で友達や保護者等に本を推薦しようとする。（学びに向かう力等）

③単元の評価規準

	知識・技能	思考・判断・表現	主体的に学習に取り組む態度
単元の評価規準	・教科書教材や並行読書材で使われている気持ちや性格を表す語句を中心に，文章中で使いこなせる語句を増やしている。（知・技(1)オ）	◎登場人物の相互関係や心情，人物像や物語の全体像を具体的に想像している。（読むことエ） ・教科書教材や並行読書材を読んだ感想を友達と共有し，自分の考えを広げている。（読むことカ）	・登場人物の相互関係が描かれている物語を自分の体験と比べて読み，「クチコミ」で友達や保護者等に本を推薦しようとしている。

④質の高い言語活動の概要

（1）言語活動：登場人物の相互関係が描かれている作品を読み，「クチコミ」で推薦する。

（2）言語活動の特徴と目標の実現との関連

今回扱う「クチコミ」とは，書物の内容を批評・紹介した文章のことである。本単元では，５年生の発達段階に応じ，作品のおすすめポイントを明らかにして書くことに重点を置く。「クチコミ」の文章には，「作品の特徴を表すレーダーチャート」，「作品の特徴を表す見出し」「並行読書材と他の作品との共通点」，「作品の魅力を表す一文とその理由」が含まれるような内容に構成した。これにより，本単元の目標に焦点化して指導することができる。

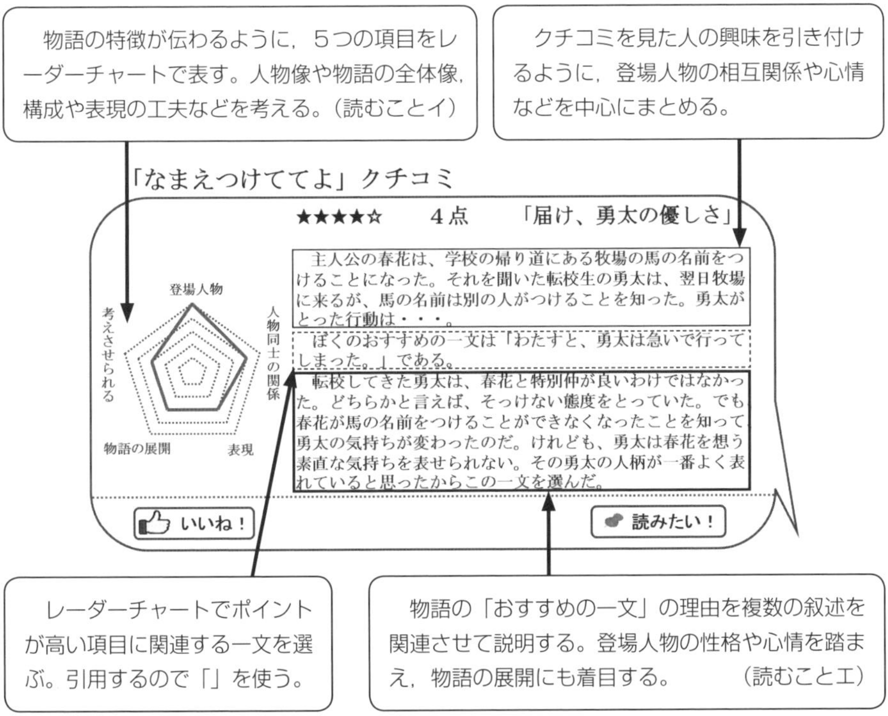

▲クチコミ

⑤単元計画（全10時間）

次	時	主な学習活動	
0次	0	・今までの読書体験から，物語を読む楽しさについて一人一人の考えを出し合い，交流する。子供たちから出された物語を読む楽しさをまとめ，それを言語活動で行うレーダーチャートとして，自分なりに読み取った物語の特徴を表すこととする。 ・並行読書材の4作品を読み聞かせ等で先行読書する。 ・教師作成の話合いのビデオを見る。　【話合い活動（1）】	並行読書↓
1次	1 2	・作者の生い立ちや作品のできたときの話を聞く。 ・教師作成の「クチコミ」をもとに学習計画を立てる。 ・全文を通読する。　・並行読書材を選ぶ。	
2次	③ ◇4	・登場人物や場面について，クチコミで紹介するために物語の大体のあらすじを捉える。 ・心に響いた場面について，グループや全体で交流する。	
	⑤ ◇6	・レーダーチャートの項目について確認して物語の特徴をレーダーチャートに表す。 ・レーダーチャートでポイントの高い項目を，他の作品と比べたり，今までの自分の読書体験と比べたりして理由を考える。	
	⑦ ◇8 （本時）	・「おすすめの一文」の選び方や，理由の書き方を知る。 ・全文掲示の選んだ一文のところに自分の名前シールを貼る。 ・魅力（レーダーチャート）と「おすすめの一文」を結び付けてその理由を書く。	
	⑨ ◇10	・友達の「物語の魅力」を読み，それに対する自分の考えを付箋に書く。 【話合い活動（2）】 ・おすすめの一文の理由をよりよくするために交流する。 ・友達と話し合ったことをもとに，再度考えたり書き加えたりする。	
3次	◇11	・2次で作成したパーツを合わせて，タイトルを付けて，「クチコミ」を完成させる。 ・「クチコミ」を読み合い，感想カードに記入したり，作品をもう一度読み返したりする。 ※学校のHPの「学習のページ」に作品をアップする。	

□…教科書教材
◇…教科書教材で学び取ったことを役立てる並行読書材

⑥この単元で設定する話合い活動と指導のポイント

（1）話合いの目的の明確化

今回の単元では，「お気に入りの作品を『クチコミ』を使って推薦する」という明確な目的がある。自分の書いたクチコミがその後多くの人に見られるとき，子供たちは，よいクチコミとなるよう話し合いたいと思う。そこで，よりよいクチコミを作成するために，自分一人の力では十分でないところや，迷っていてアドバイスが欲しいところを話合いの目的とした。

また，話合いの際には，「どうしたら自分の感じている物語の魅力を説明できるか」ということを度々確認した。子供たちはクチコミをよりよくしようとすると，文章の書きぶりばかり着目してしまうことがある。そうすると，推薦文の推敲の授業のようになってしまうことがあったからである。

ここでの交流は，「『作品の魅力』について，互いの意見や感想の根拠を明らかにして理解したり，そのよさを認め合ったりすることができる」という単元の目標を達成するためにある。

そこで，物語の魅力がクチコミに表れているかどうかを話し合うために，クチコミのレーダーチャートを活用した。子供たちは，一人一人の体験や読書経験などにより，物語の魅力を表すレーダーチャートが異なってくる。特に，教科書教材や並行読書材は思春期の子供たちの心の動きを表しているために，物語の魅力がどこにあるのかを叙述をもとに論じやすい。こうして，話合いの目的が目標からずれないようにした。

物語の面白いところ（作品の魅力）

レーダーチャートの項目	みんなで考えた「物語の面白いところ」
登場人物	・主人公の人柄 ・魅力的・個性的 ・主人公が好き ・キャラクター
人物同士の関係	・人と出会って気持ちが変わる ・人と関わって成長する ・恋愛関係・信頼関係 ・友情
表現	・「文」を頭の中で「絵」にできる ・景色が想像できる
物語の展開	・あっとおどろく ・分かってすっきりする
考えさせられる	・もし，自分だったら… ・自分もしてみたい ・本の続きを考える ・物語の題名

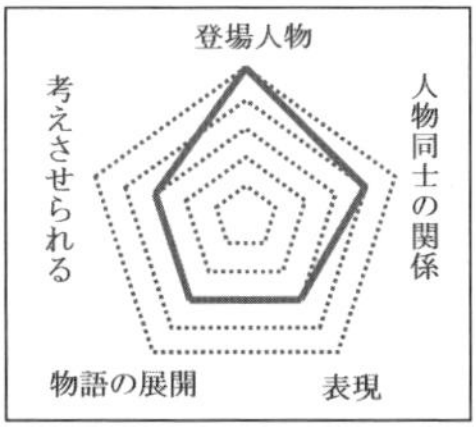

（2）話合いの可視化

話し合っている様子が見えるようにするために，本時では全文シートとワークシートを準備した。全文シートには「この本はここが魅力だ！」というところに関連するサイドラインや矢印が引いてある。例えば，登場人物の相互関係が面白いと思っている子供は，物語に登場する登場人物の関係を表す叙述を複数選んで印を付けたり，その関係性を書き込みで表していたりする。話合いの際には，主にその全文シートを用いて自分が感じた物語の魅力を話し合うようにした。

ワークシートは以下のようにホームページのクチコミのページと同じ横書きのものを準備した。まず，本時が言語活動とどう関わっているのかを左上の「クチコミの構造」を塗ることで確認をする。

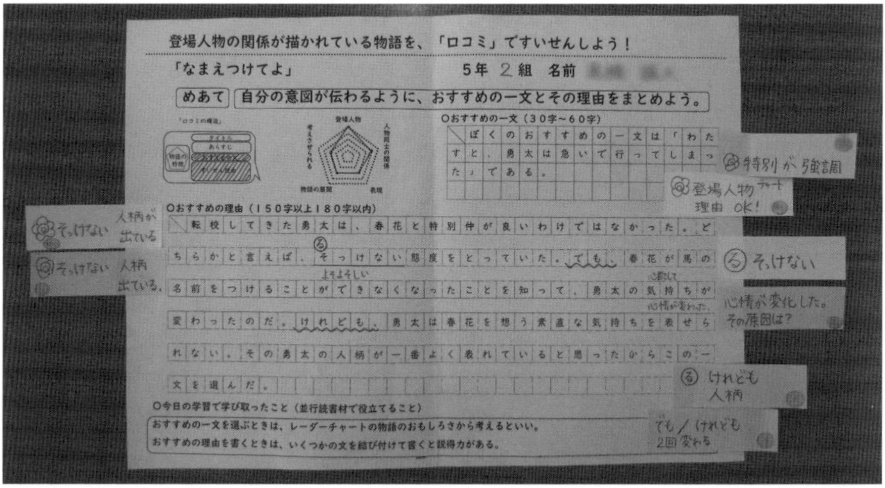

その隣には，自分が考えた物語の魅力をレーダーチャートに書き表すところを作成した。これにより，子供たちは一目でワークシートを書いた子供が，物語をどう捉えているのかが分かる。そして，そのグループの一人一人の考えが一目で分かるように，友達が書いた「お薦めの一文を選んだ理由」に対するアドバイスを付箋に書いて横のスペースに貼った。

⑦本時の指導（8時間目／11時間）

（1）目標

・「なまえつけてよ」を読んで，登場人物の相互関係や心情，人物像や物語の全体像をもとに，「おすすめの一文」とその理由をまとめることができる。（読むことエ）

（2）展開

主な学習活動	時間（分）	主な発問（○）	指導上の留意点（・）評価（◇）〔方法〕
1　本時のめあてとゴールを確認する。	2	○今日は，「クチコミ」の「お気に入りの一文」とその理由について考える日ですね。	・本時が言語活動とどのように関わっているのかを確認する。
2　「おすすめの一文」とその理由のポイントを確認する。	2	○「おすすめの一文」とその理由が，レーダーチャートのポイントの高い項目と一致しているか考えましょう。	・物語の魅力を表すレーダーチャートの項目を確認する。
3　友達の「おすすめの一文」とその理由を読んで思ったことを付箋に書く。	10	○「おすすめの一文」がレーダーチャートのどれにあてはまるか確認しましょう。	・魅力が視点からそれていないか吟味することや，読み手を意識した文になっているかを確認する。
4　「おすすめの理由」をよりよくするために話し合う。	17	○友達と協力して，「おすすめの一文」の理由をよりはっきりと相手に伝わるものにしましょう。	・考えの根拠について話し合う場合には，常に教科書の叙述に戻るように促す。
5　学級全体でよさを話し合う。	6	○「おすすめの理由」がよりよくなったグループはありますか。	・よりよくなった子供2～3人に発表させる。
6　「おすすめの一文」の理由をよりよくする方法を学び取る。	3	○おすすめの理由を書いたり，話し合ったりしましたね。どういうことに気を付ければ，よりよい理由ができましたか？	・よりよくするための視点（相手意識，目的意識，項目と理由の整合性）を明らかにしてまとめる。
7　振り返りをする。	5	○最後に，「おすすめの理由」を変更したり付け足したりしたい人は，ワークシートに書き加えましょう。	◇（読エ）物語を読んで，登場人物の相互関係や心情，人物像や物語の全体像をもとに，「おすすめの一文」とその理由をまとめている。〔学習カード〕

⑧授業の実際（0時間目／11時間）

（1）学級全体での話合いの場面

レーダーチャートの項目を作る際，子供に今まで読んできた物語を思い起こさせ，「物語を面白いと感じるとき」について考えさせた。そして子供が出した物語の面白さを分類し，全員で共通の項目５つを作成した。物語の面白さを思い起こさせたことで，自分たちが「クチコミ」を書く際にも，読み手の気持ちを考えて推薦の文章を書くことができるようにした。

T　みんなが「物語を面白いな」と感じるのはどんなときですか。
C１　主人公のかっこよさだな。ヒーローみたいなかっこいい主人公だとわくわくするし，自分もこんなふうになりたいと思うことがあるな。
C２　自分と似ている主人公のときも気持ちが入るよね。
T　登場人物の人柄や性格ですね。うんうん。他はどうですか。
C３　AさんがBさんのことを好き…っていう2人のどきどきする関係があるとか？
T　ちょっと大人っぽいですね。主人公以外の登場人物か。気になる存在だったりすることがありますね。関係性かな。
C４　その場面の様子が想像できるお話もあるな。夕焼けとか出てくると，頭の中で勝手に絵が出てくるよ。
C５　ああ，あるある。雨がザーザーって書いてあると，なんか嫌な予感がしたり。
T　表現にも注目して読んでいるのですね。すごいな。
C６　物語は，この後どうなるか続きを想像するのが楽しいな。
C７　分かる！　お話の続きを想像することもある。あとは，どうなるのか気になって結局シリーズ全部読むこともあるな。
T　展開や自分のことのように考えることもあるのですね。みんな物語の面白さをたくさん知っているのですね。これはクチコミで伝えたくなりますね。

発問・指示のポイント

今までの読書経験を振り返りながら，「物語が面白いな」と感じることを発言させ，分類しながら項目ごとにまとめた。発言させるときは，面白さのキーワードを短冊に書かせ，黒板で分類・整理するとよい。

（2）グループでの話合いの場面

本単元では，物語の魅力が特徴的に表れている叙述を「おすすめの一文」として選び，どうしてその一文に物語の魅力が表れているのかを説明しなければならない。そのために，子供たちは推薦相手に自分の考えが伝わるように理由を考えるのである。話合いでは，右の話型を提示し，子供たちの話合いが困ったときに参考にするものとした。

話し合いのときに便利な言葉たち
～一人の意見をみんなで真剣に考えるために～

こういうとき	納得したとき
・理由を聞きたいとき	「どうしてそう思ったの？」「どこからそう思ったの？」
・分からないとき	「もう一度教えて」「どういうこと？」「分からなくなっちゃった。」「分かるようで分からない。」
・分かったとき なっとくしたとき	「なるほど」「いいね」「へぇ～」「分かる分かる」「そうか」「あ～」
・確かめたいとき	「それって、～ということ？」「例えば、～ということ？」
・他の人に聞きたいとき	「どう思う？」「○○さんは、どう？」「確かに○○だけど、○○じゃない。」
・し～んとしたとき ・困ったとき	「もう一度、作品を読んでみようよ。」「う～ん、こまったね」
・もり上がらないとき	「そう思った原因は何？みんなで考えてみない？」「要するに、どういうことか、みんなで考えてみよう」

T　友達と協力して，「おすすめの一文」の理由をよりはっきりと相手に伝わるものにしましょう。

C１　じゃあ，まず，ぼくからね。ぼくが選んだおすすめの一文は，「勇太って，こんなところがあるんだ。」だよ。どうしてかというと，「子馬の名前を～以下ワークシートを指でたどりながら読む～が一番よく表われているから」です。どうかな？

C２　C１さんは，勇太は興味なさそうにって言っていたけど，ぼくは勇太が，興味がなかったとは思わなかったよ。どこからそう思ったの。【全文シート】

C１　「すぐに目をそらした」や「ぷいっと向きを変えて」と書いてあるところから春花の話に興味がないんじゃないかなって思った。【全文シート】

C４　あ～あ，確かに興味があったらすぐに目をそらしたり，ぷいっと向きを変えたりしないもんね。でも恥ずかしさもありそうじゃない？

C２　そうそう，ぼくも恥ずかしいのかなって思った。だってさ…。

T　人によって受け取り方が違うのですね。もう少し勇太の行動や様子を全文シートで追って，線でつないで見ると，心情の変化や春花との関係がはっきりしそうですね。【全文シート】

発問・指示のポイント

ここでは，黒板に話型を提示したが，この話型は子供たちが使いやすいように，普段の子供たちが使用している言葉を集めたものである。話合いが苦手な子供にとって，参考にする程度のものとして扱った。

5年 ⑩「大造じいさんとガン」（光村図書５年）

並行読書材：『片耳の大シカ』『山のえらぶつ』『アルプスの猛犬』『片足の母スズメ』
全て椋鳩十

①単元名

すぐれた表現に着目して，物語のみりょくをクチコミですいせんしよう

②単元の目標

・椋鳩十の作品を複数冊読むことで，多様な視点から物事を考えることができることに気付き，自分が選んだ作品の魅力をより明確にすることができる。（知・技(3)オ）
◎椋鳩十の作品を読み，人物像や物語の全体像を具体的に想像したり，表現の効果を考えたりすることができる。（読むことエ）
・クチコミのために考えた「作品の魅力」について，互いの意見や感想の根拠を明らかにして理解したり，そのよさを認め合ったりすることができる。（読むことカ）
・椋鳩十の作品を，すぐれた表現に着目して読み，「クチコミ」で友達や保護者等に本を推薦しようとする。（学びに向かう力等）

③単元の評価規準

	知識・技能	思考・判断・表現	主体的に学習に取り組む態度
単元の評価規準	・椋鳩十の作品を複数冊読むことで，多様な視点から物事を考えることができることに気付き，自分が選んだ作品の魅力をより明確にしている。（知・技(3)オ）	◎椋鳩十の作品を読み，人物像や物語の全体像を具体的に想像したり，表現の効果を考えたりしている。（読むことエ） ・クチコミのために考えた「作品の魅力」について，互いの意見や感想の違いを明らかにしたり，そのよさを認め合ったりしている。（読むことカ）	・椋鳩十の作品を，すぐれた表現に着目して読み，「クチコミ」で友達や保護者等に推薦しようとしている。

④質の高い言語活動の概要

（1）言語活動：椋鳩十作品を読み，優れた表現に着目して，物語の魅力を「クチコミ」で推薦する。

（2）言語活動の特徴と目標の実現との関連

今回扱う「クチコミ」とは，書物の内容を批評・紹介した文章のことである。本単元では，作品のおすすめポイントを明らかにして書くことに重点を置く。「クチコミ」の文章には，「作品の特徴を表すレーダーチャート」，「人物像や物語の全体像」，「作品の魅力を表す一文」，「その一文を選んだ理由」が含まれるような内容に構成した。これにより，本単元の目標に焦点化して指導することができる。

物語の特徴が伝わるように，５つの項目をレーダーチャートで表す。人物像や物語の全体像，構成や表現の工夫などを考える。　（読むことエ）

人物像や物語の全体像を具体的に想像し，どのように描かれているかを考えて作品を端的に紹介している。　（読むことエ）

「片足の母スズメ」

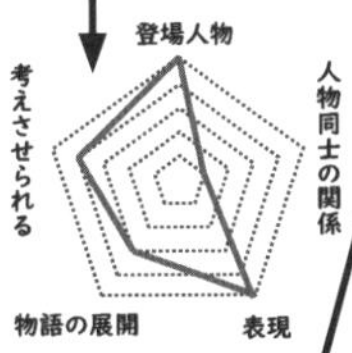

★★★★☆　4点　「絶望をのりこえて」

この物語は、片足のスズメが、たくさんの苦難をのりこえてひなを育てるという、「生きる」ことの厳しさを感じさせる作品です。母スズメは、作者の椋鳩十さんにより、苦しみをのりこえる強い母スズメとして描かれています。

ぼくのお気に入りの一文は、「戦いつかれたからだをおどらせて、金色の菜の花畑に、さっと飛びこみました。」です。

なぜかというと、ひなを守るために、ヘビとの戦いに勝った片足のスズメのすがすがしい様子が「金色の菜の花」という情景で描かれているからです。前は、母スズメはヘビに卵を食べられてしまいましたが、今回はヘビを追い払うことができました。椋鳩十さんは、その母親の晴れやかな気持ちを、「金色の菜の花」という言葉で表そうとしたと思います。「失敗やざせつをのりこえたい」という人におすすめです。

いいね！　　読みたい！

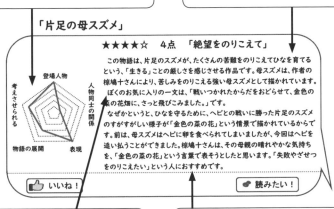

レーダーチャートでポイントが高い項目に関連して，その根拠となるお気に入りの一文を選ぶ。

物語の魅力を書くことで，人物像や物語の全体像を具体的に想像したり，表現の効果を考えたりしている。　（読むことエ）

▲クチコミ

⑤単元計画（全10時間）

次	時	主な学習活動	
0次	0	・椋鳩十作品に共通して出てくる「狩り」や，作品の「戦中・戦後の時代背景」について知る。 ・並行読書材の４作品を読み聞かせ等で先行読書する。 ・教師作成の話合いのビデオを見る。　【話合い活動（1）（2）】	並行読書
1次	1	・教師作成の「クチコミ」をもとに学習計画を立てる。 ・全文を通読する。　・並行読書材を選ぶ。	
2次	2 ◇3	・登場人物や場面について，物語の設定を捉える。 ・登場人物の人物像を複数の叙述をもとに考える。 ・物語がどのように描かれているかという表現面に着目し，物語の全体像を想像する。	
	4 ◇5	・物語の魅力の「表現」の項目には，「心情を表す表現」「動きに関する表現」「情景を描いた表現」があることを押さえる。 ・自分が印象に残った表現に名前シールを貼る。 ・自分が選んだ表現が印象に残った理由を考える。 ・「どうしてその叙述に着目したのか」の理由について交流する。	
	6 ◇7	・物語の魅力が表れている一文を探す。 ・全文掲示の「選んだ一文」のところに自分の名前シールを貼る。 ・魅力をレーダーチャートで表し，その理由を書く。	
	8 ◇9（本時）	・友達の「物語の魅力」を読み，それに対する自分の考えを付箋に書く。 ・物語の魅力をよりよくするために交流する。 ・友達と話し合ったことをもとに，再度考えたり書き加えたりする。	
3次	10	・２次で作成したパーツを合わせて，タイトルを付けて，「クチコミ」を完成させる。 ・「クチコミ」を読み合い，感想カードに記入したり，作品をもう一度読み返したりする。 ※学校のHPの「学習のページ」に作品をアップする。	

□…教科書教材
◇…教科書教材で学び取ったことを役立てる並行読書材

⑥この単元で設定する話合い活動と指導のポイント

（1）話合いのモデル文を作成する

質の高い言語活動を設定し，話合いの目的をもつことができれば，ほとんどの子供は話合いの価値を体験したり，必要性を感じたりすることができる。ただ，学級の中には，思いはあっても，どうやって話合いに参加をすればよいのか具体的な方法が分からない子供たちがいる。そんな子供たちにとって，授業で実際にどのような話合いが生まれるのかを想定し，教師が話合いのモデル文を作って見せてあげることが有効であった。

話合いの話型も，提示するだけではなく，モデル文で示すと，「どのようなときに使うのか」「どんな風に使うのか」ということが具体的に理解することができる。3年生以上であれば，モデル文を配って上記の話型のところに線を引かせて意識させたり，音読の宿題で読んできたりすることも効果的である。

右の話合いのモデル文は，「大造じいさんとガン」の学習のときに使用したものである。4人グループを想定した。

教師側にとっては，望ましいグループでの話合いを具体的に想像することにより，支援のポイントが明らかになるよさがあった。

すぐれた表現に着目して、物語のみりょくをクチコミですいせんしよう

話し合いのモデル文　　五年　名前

発言者	言葉	動き等
高橋	ぼくが選んだお気に入りの一文は，「戦いつかれたからだをおどらせて，金色の菜の花畑にさっと飛びこみました。」のところなんだよね。それで，その理由は，	サイドラインを引きながら
	「なぜかというと，ひなを守るために……という人におすすめです。」って書いたんだけど，どうかな？これでホームページにアップできるかな？	話し合いの目的
河野	じゃあ，まず私からね。高橋くんは，「ヘビとの戦いに勝った片足スズメのすがすがしい様子」って書いてるでしょ。どこから「すがすがしい」って思ったの？	どこからそう思ったの？全文シートを指さしながら
高橋	ここの，「勝利の歌を高らかにうたうのでした。」ってところだよ。	
杉本	なるほどね。分かる分かる。	
河野	わたしも，分かるんだけど，なんかちょっと違うんだよね。	少し違うところを見逃すな！
西野	何が少し違うの。	対立すべし！
河野	なんか，もっと，「どうだまいったか！」っていう気持ちが表れていると思うんだよね。	
高橋	どこからそう思ったの？　どうしてそう思ったの？	
河野	だって，ここに，「わが片足スズメは，一本足で戸ぶくろの上につっ立ちました。」って書いてあるでしょ。だから，勝ち誇って自慢している感じじゃないのかな？	
杉本	なるほどね。分かる分かる。じゃあ，それなら「すがすがしい」を「勝ち誇っている様子」にすればいいんじゃないの？	こうすればいいんじゃないの？
高橋	でも，最後に「金色の菜の花畑に…」って書いてあるでしょ。その時って，例えば，岩井で朝散歩したでしょ。あの時の海がキラキラ光っている朝の様子とかぶるんだよね。	自分の経験と結びつけて
西野	なるほど。じゃあ，河野さんはここの文を読んで，「勝ち誇っている」って考えて，高橋くんは，ここの文と自分の経験を結び付けて「すがすがしい」ってしたんだね。おもしろいね。	考えをまとめる。
高橋	杉本君はどっちがいいと思う。（どう思う？）	発言が少ない人に聞いてみる。
杉本	えっ，俺？	
高橋	ぼくの「すがすがしい」と河野さんの「勝ち誇っている」とどっちがいい？	選ばせる
杉本	う〜ん。どっちでもないかな〜	分かったふりをしない。
高橋	どういうこと？	
杉本	だって，ここで，卵をヘビに食べられて，それで，ここで風呂の火でまた巣をダメにされて，最後の最後にやっと自分の卵を守れたわけでしょ。クチコミですいせんするなら，母スズメのその悔しい気持ちが表れるように，「かたき討ちをしたすがすがしい気持ち」にするといいんじゃないのかな？	理由を聞く いくつかの文をつなげて理由を言う。
全員	納得！	

（2）モデル文をもとに教師がモデルを演じる

子供たちのグループを手本として紹介することもあったが，手本を見せる際には，教師が演じてみることが一番効果的であった。それは，話合いで使用してほしいツールを，モデル文を作成して演じることで漏れなく入れ込めることと，教師の説明だけでは伝わりきらないことを映像で理解することができるからである。

「大造じいさんとガン」では，一人一人が感じた物語の魅力を大切にしながらも，作者の椋鳩十が作品に込めた思いも考えて物語の魅力を味わってほしかった。そこで，話合いのモデル文の中では，「作者」という言葉を使わずに，「椋さん」とか「椋鳩十さん」という言葉を使った。「大造じいさんとガン」では，優れた描写を感じたり，情景から登場人物の心情を読み取ったりする場面がある。そういうときに，「『東の空が真っ赤に燃えて』という叙述で，椋さんは○○を伝えたかったんじゃないかな？」という一文をモデル文に入れた。作者を「椋さん」という言葉で表すことにより，より身近に感じて物語の魅力を語ることができた。学習が進むと，子供たちは「椋さんはね…」とか「椋さんは…だと思うよ」と，知り合いのように話し合うようになる。

また，本単元では，語彙表を掲示したり，国語辞典や類語辞典を机上に置かせたりした。教師が演じるときには，これらのツールを映像資料の中で実際に使って，その効果を子供たちに見せることで，子供たちも使ってみたいと思うようになる。

⑦本時の指導（9時間目／10時間）

（1）目標

・物語の魅力について交流することで，人物像や物語の全体像を具体的に想像したり，表現の効果を考えたりしてお気に入りの一文の理由をまとめることができる。（読むことエ）

（2）展開

主な学習活動	時間（分）	主な発問（○）	指導上の留意点（・）評価（◇）〔方法〕
1　本時のめあてとゴールを確認する。	2	○今日は，「クチコミ」の「お気に入りの一文」とその理由について考える日ですね。	・本時が言語活動とどのように関わっているのかを確認する。
2　「お気に入りの一文」とその理由を確認する。	1	○「表現」の学習で物語の魅力を表すレーダーチャートがさらによくなりましたね。	・物語の魅力を表すレーダーチャートの項目を確認する。
3　友達の「お気に入りの一文」とその理由を読んで思ったことを付箋に書く。	9	○「お気に入りの一文」がレーダーチャートのどれにあてはまるか確認しましょう。	・魅力が視点からそれていないか吟味することや，読み手を意識した文になっているかを確認する。
4　「お気に入りの一文の理由」をよりよくするために話し合う。	17	○友達と協力して，「お気に入りの一文」の理由をよりよくしよう。	・考えの根拠について話し合う場合には，常に教科書の叙述に戻るように促す。
5　「お気に入りの一文の理由」を修正する。	3	○「お気に入りの一文の理由」を変更したい人や，つけ足したいことがある人は書き加えましょう。	◇（読エ）物語を読んで，登場人物の相互関係や心情，人物像や物語の全体像をもとに，「おすすめの一文」とその理由をまとめている。〔学習カード〕
6　グループで解決しなかった課題を学級全体で解決する。	8	○グループで話合いをしたけれども，それでは十分に解決しなくて，学級全体に聞いてみたいことがある人いますか。	・数名指名して，学級全体で発表した子供の疑問を解決する。
7　学習のまとめをする。	5	○並行読書材で役立てたいことは何ですか。	・今日の学習で学び取ったことや並行読書材で役立てたいことを学級全体で共有する。

⑧授業の実際（９時間目／10時間）

（１）グループでの話合いの場面

本単元では，物語の魅力が特徴的に表れている叙述を「おすすめの一文」として選び，どうしてその一文に物語の魅力が表れているのかを説明しなければならない。そのために，子供たちは推薦相手に自分の考えが伝わるように理由を考えるのである。話合いでは，自分の考えをもっと伝えるために友達の考えを求めている。実際の話合いは以下のように行われた。

T　友達と協力して，「お気に入りの一文」の理由をよりよくしよましょう。

C１　ぼくが選んだお薦めの一文は「ただ，救わねばならぬ仲間のすがたがあるだけでした」だよ。【全文シート】
どうしてかというと，「何度もおそいかかってくる大造じいさんが，銃をかまえているのにもかかわらずハヤブサにねらわれた仲間を救う残雪の行動に感動したから」。どうかな？【ワークシート】

C２　Ｃ１さんは，大造じいさんと残雪の関係を「何度もおそいかかる」と書いているけれど，このときは，残雪だけをねらっていたから，「残雪は大造じいさんにねらわれて」の方が，より２人の関係を表しているんじゃないのかな？【ワークシート】

T　いい話合いをしているね。Ｃ２さんは登場人物同士の相互関係に着目しているんだね。Ｃ１さんは，物語の魅力のどの項目を特に伝えたいのかな？

発問・指示のポイント

話合いが進むと，一人一人の物語の魅力の感じ方が違うので，話合いがまとまらなくなることがある。「ぼくはこの物語の○○という魅力を伝えたい！」というＣ１の感じた魅力がレーダーチャートに表れているので，どの項目に関連して伝えたいのかを振り返らせると，話合いが深まりやすい。

（2）全体での話合いの場面

グループで話合いをした後に，全体で話合いを行った。全体での話合いでは，友達の考えを聞いてよりよくなったところや，グループの中で十分に話合いが深まらなくて，未解決の考えを全体に投げかける形をとった。よりよくなったところは話合いを価値付けるために数名に発表させ，未解決の課題については，数名が挙手したが，机間指導の際に話合いの様子から意図的に1名に絞って扱った。

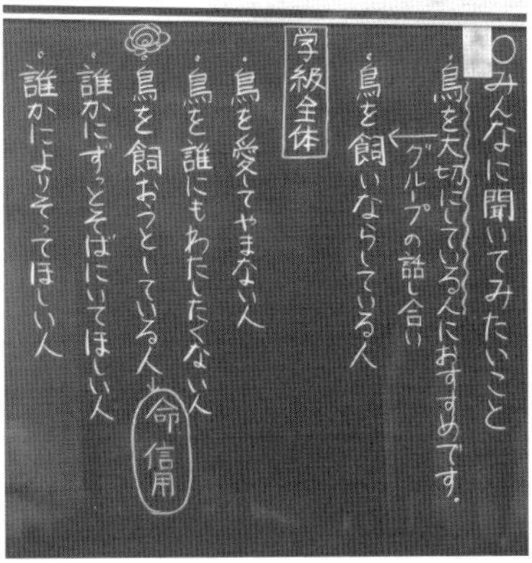

T	では，グループで話合いをしたけれども，それでは十分に解決しなくて，学級全体に聞いてみたいことがある人いますか。
C１	はい，どんな人におすすめかを考えたときに，ぼくは「鳥を大切にしている人におすすめです」という一文にしたのだけれど，もっといい言い方があるのではないかと思いました。
T	なるほど，確かに「鳥を飼いならした人」よりもっとよさそうなものがありそうですね。みなさんどうですか。
C２	「鳥を愛してやまない人」がいいと思います。
C３	「鳥をだれにも渡したくない人」がいいと思います。
T	C１さん，たくさん出てきましたが，どれがいいか決まりましたか。
C１	決まりました。「鳥を飼おうとしている人」にします。
T	どうしてですか？
C１	これから鳥を飼おうとしている人は，鳥の命を大切にしてほしいし，鳥と人が信用しあってほしいことを伝えたいからです。

発問・指示のポイント

グループの話合いのときにもやもやしている子供を数名探しておいて，グループの後の自分の考えを書き直す場面で「学級全員に聞いてみる？」と相談して発表させる。こうすると，学級全体で学習を確認する意味が生まれる。

6年　⑪「やまなし」（光村図書6年）

教科書教材：資料「イーハトーヴの夢」（光村図書6年）
並行読書材：『注文の多い料理店』『銀河鉄道の夜』『グスコーブドリの伝記』
『風の又三郎』『雪わたり』『セロ弾きのゴーシュ』など　　全て宮沢賢治

①単元名

宮沢賢治の作品を読み，「あとがき」で物語の魅力を伝えよう

②単元の目標

・宮沢賢治の作品を読んだり，生い立ちを調べたりすることを通して，作者の多様なものの見方や考え方に触れ，多様な視点から物事を考えることができる。（知・技(3)オ）

◎宮沢賢治の作品に特有の，暗示性の高い表現やメッセージや題材を強く意識させる表現を捉え，様々な表現が読み手に与える効果について自分の考えを明らかにすることができる。（読むことエ）

・宮沢賢治の作品を読み，進んで作品の魅力を「あとがき」で表現しようとする。（学びに向かう力等）

③単元の評価規準

	知識・技能	思考・判断・表現	主体的に学習に取り組む態度
単元の評価規準	・宮沢賢治の作品を読んだり，生い立ちを調べたりすることを通して，作者の多様なものの見方や考え方に触れ，多様な視点から物事を考えている。（知・技(3)オ）	◎宮沢賢治の作品に特有の，暗示性の高い表現やメッセージや題材を強く意識させる表現を捉え，様々な表現が読み手に与える効果について自分の考えを明らかにしている。（読むことエ）	・宮沢賢治の作品を読み，進んで作品の魅力を「あとがき」で表現しようとしている。

④質の高い言語活動の概要

（1）言語活動：宮沢賢治の作品を読み，「あとがき」で物語の魅力を伝える。

（2）言語活動の特徴と目標の実現との関連

本単元で取り上げる「あとがき」とは，作品をすべて読んだ後に読むものである。今まで文学作品の言語活動では紹介や推薦が多かったが，読む前に本の魅力を紹介するため，物語の一番の魅力を伝えにくい面があった。その点，「あとがき」は作品の一番の面白いところや，自分だけが気付いた面白さなどを自由に表現できるよさがある。

「あとがき」

この物語は，ピカピカの鉄砲を担いだエラそうな二人の紳士と，化け物ヤマネコが登場するお話です。狩りをしようとしていた二人の紳士が山で迷い，一軒の西洋料理店に訪れました。不思議な注文をされて，最後にはヤマネコに食べられそうになりますが，結局逃げ帰ってきたお話です。

← 「あらすじ」 物語の魅力の部分を中心に，登場人物の紹介と物語の展開を書く。

宮沢賢治は，岩手県出身の明治生まれの作家です。賢治はイーハトーヴという理想の土地を想像でつくりました。そこは，人間も動物も植物も，たがいに心が通い合うような世界でした。注文の多い料理店に登場する二人の若い紳士は，動物や身分の低い人間をばかにするような態度だったので，おしおきをされたのかもしれません。

← 「作者の紹介」 「自分が選んだ本」と関わっているところを中心に作者を紹介する。（知・技(3)オ）

この物語で一番おもしろいのは，動物や植物に対してえらそうな紳士が，やっつけられてしまうところです。二人の紳士は西洋料理店に来て，クリームを体中に塗らされました。それは，ヤマネコが紳士たちを食べるためのドレッシングだったのです。そのことに気が付いた二人の紳士の様子がとてもおもしろく描かれています。

← 「物語の魅力１」 読者が気付きそうな物語の魅力を予想し，登場人物の人物像や物語の全体像と関連付けて書く。（読むことエ）

さて，あなたは気付きましたか？　二人の紳士の「顔」が物語の展開と大きくかかわっているのを！　犬が死んだときは「顔色をわるくして」，注文が出てきたときは「顔をしかめました」そして牛乳クリームがでたときは，「つぼのクリームを顔にぬって…」と書かれてあります。そして，とうとう自分たちが食べられるときに「顔がまるでくしゃくしゃの紙くずのようになり」とあります。

← 「物語の魅力２」 一読しただけでは気が付かない自分だけが気付いた物語の魅力を，作者のメッセージを考えて書く。（読むことエ）

最後に，この物語を読んで動物や自然を大切にしようと思ったあなたはとても立派だと思います。それこそ宮沢賢治の伝えたことだったと思います。

← 「読者へのメッセージ」 読者に伝えたいこと。

⑤単元計画（全８時間）

次	時	主な学習活動	
0次	0	・先行読書として宮沢賢治の作品を数冊読む。【話合い活動（1）】 ・学校司書から「ファンタジー作品のすばらしさを伝えるために，宮沢賢治作品のあとがきを書いてほしい」という依頼を受ける。	並行読書
1次	1	・教師作成による「あとがき」の手本を見て，学習の見通しをもつ。 ・「あとがき」を作成するという目的のための学習計画を立てる。	
2次	② ◇3	・「やまなし」全文を読み，「あとがき」で物語の魅力を伝えるために，物語の大体のあらすじの書き方を知る。 ・宮沢賢治の生い立ちを「あとがき」で説明するために「イーハトーヴの夢」を読み，どんな人柄だったのかを作品と関連付けながら考える。 ・「自分が選んだ作品」を読み，「やまなし」で学習したことを生かして，あらすじを書く。	
	◇4	・物語の魅力はどういうものがあったのか話し合い，どんな紹介をすると，「あとがき」でさらに作品が好きになるかを考える。 ・「イーハトーヴの夢」を読んだり，「自分の選んだ作品」を読んだりしながら，「あとがき」で宮沢賢治を紹介するために，「自分が選んだ作品」の魅力が伝わるようなエピソードを「イーハトーヴの夢」から選び，まとめる。	
	⑤	・「やまなし」を読んで，物語の魅力を伝えるために，前時で話し合った「物語の魅力」をもとに「あとがき」の「物語の魅力」の部分を書く。 ・グループの友達が書いた「物語の魅力」を読み，相手や目的を意識してよりよくするために話し合う。	
	⑥ （本時）	・「やまなし」の魅力をよりはっきりと伝えるために，グループで話合いをして「自分だけが見付けた物語の魅力」をよりよくする。 ・学級全体でどのように書けば物語の魅力をより伝えられるのかを，「やまなし」で学び取る。【話合い活動（2）】	
	◇7	・「やまなし」で学び取った「物語の魅力の伝え方」をもとに，「自分が選んだ本」で物語の魅力を書く。 ・グループの友達同士で読み合い，アドバイスをし合う。	
3次	◇8	・「あとがき」の清書を行い，友達の「あとがき」を読み，感想を伝え合う。	↓

□…教科書教材
◇…教科書教材で学び取ったことを役立てる並行読書材

⑥この単元で設定する話合い活動と指導のポイント

（1）宮沢賢治の複数の作品を読み，共通点や相違点を探し，自分の考えをもつ

　物語の魅力が何かを考える場合，子供たちは自分の体験や読書経験と結び付けて考えることが多い。作品と経験とを結び付けた感想には，説得力がある。今回は，それまで学習をしてきた言語活動からさらに進んで，並行読書材を複数冊選んで読み比べをしながら，宮沢賢治らしい表現や，言い回しなどを見付ける活動を設定した。同じ作者の作品を複数冊読むことで，作者の特徴を捉えることができたり，作品の特徴を捉えることができたりするようになると考えた。

　子供たちが作品の魅力について話合いをしたときには，一人一人が読んでいる複数の作品が異なるために，その子が捉えた宮沢賢治作品の魅力について語ることになり，違いが生まれやすい。例えば，『風の又三郎』と『注文の多い料理店』を並行読書に選んだ子供は，宮沢賢治が表す風の音に着目して読んでいた。その子供は，「風の音は『ヒュー』とか『ピュー』，『ビュー』で表すことが多いけど，宮沢賢治は『どう』で表している。作品の中で流れている風は，何かが変わるときが多い。」と気付いていた。そして，グループの他の子供が，自分が読んでいた作品から「風」に関わる叙述を探したり，関係付けたりする。「『やまなし』には，風は出てこないけど水の流れが出て

ぼくが面白いと思ったのは，風の音なんだよね。ふつうは『ヒュー』とか『ピュー』，『ビュー』でしょ。でも，宮沢賢治はこの２つの本で『どうっ』って書いているんだよね。面白いと思わない？
面白いね。ぼくが選んだ本にも風の音が書いてあったと思うんだよね。探してみよう。
「やまなし」は物語の設定が水の中だから，風は出てこないね。でも「水の流れ」で話の展開が変わるから，風に似ているね。
宮沢賢治は自然のものが好きだから，風の音にしたんじゃないのかなあ？

くるね。それがちょっと風の役割に似ているかなあ」と他の子供が自分の作品を振り返ったり探したりするのである。

（2）自分だけの考えの形成

話合いが活性化し，子供たちの読みがより深くなるためには，一人一人の考えが異なる場合が挙げられる。物語の魅力の感じ方は人それぞれだが，子供たちの考えた物語の魅力を話し合わせた場合，似たところを選んでいる場合が多い。そこで，言語活動の「あとがき」の構成を，物語の魅力１と物語の魅力２に分け，物語の魅力２では，自分だけが見付けた魅力を述べるようにした。このような言語活動を設定することで，子供たちは「自分だけが感じた物語の魅力」を考えるようになる。これにより，一人一人が違った思いや考えをもてるようにした。

物語の魅力２を説明するときは，「みなさんは気が付きましたか？」という一文で始まるようにした。これにより，一読しただけでは気が付かない物語の魅力を伝えるのだという気持ちが生まれる。子供たちは何度も物語を読み，自分だけが気が付く物語の魅力を探すようになった。話合いのときには，「そこには気が付かなかった」「本当だあ，言われてみればそうだよね」など，一人一人の気が付いたことを紹介することになった。さらに，自分だけしか気が付いていないので，子供たちは自分だけが見付けた物語の魅力を言いたくてしかたがないようであった。

一方，グループによっては，４人とも話合いの中で並行読書材を読んでいる場面もあった。そのグループの子供たちは，「自分だけが感じた物語の魅力」を，一読しただけで簡単に考え付くのではないかと判断し，その子供のために，４人全員で必死に一読しただけでは気が付かない物語の魅力を探していたのである。そのグループの子供たちは，実際に物語を読み終わった後に「あとがき」を読むことを具体的にイメージして，どのような魅力を伝えることが「あとがき」にふさわしいのか考えることができていた。

⑦本時の指導（6時間目／8時間）

（1）目標

・物語の魅力について交流をすることで，人物像や物語の全体像を具体的に想像したり，表現の効果を考えたりして自分だけの物語の魅力をまとめることができる。　（読むことエ）

（2）展開

主な学習活動	時間(分)	主な発問（○）	指導上の留意点（・）評価（◇）〔方法〕
1　本時のめあてとゴールを確認する。	2	○今日は，「あとがき」の「自分だけが見つけた物語の魅力」について考える日ですね。	・本時が言語活動とどのように関わっているのかを確認する。
2　物語の魅力について振り返る。	1	○昨日の学習で多くの人が感じる物語の魅力について学習しましたね。	・今までに見付けた物語の魅力をグループ化したものを確認する。
3　友達の「自分だけが見つけた物語の魅力」を読んで思ったことを付箋に書く。	9	○物語の読み手が納得できるかどうかを考えながら，友達の見付けた「物語の魅力」をよりよくするためのアドバイスを書く。	・魅力が一読しただけでは気が付かないようなものになっているか，読み手の気持ちになって考えさせる。
4　「自分だけが見つけた物語の魅力」をよりよくするために話し合う。	17	○友達と協力して，「あとがき」を読んだ人が感心するような「自分だけが見つけた物語の魅力」にしましょう。	・考えの根拠について話し合う場合には，常に教科書の叙述に戻るように促す。
5　「自分だけが見つけた物語の魅力」を修正する。	3	○「自分だけが見つけた物語の魅力」を変更したい人や，つけ足したいことがある人は書き加えましょう。	◇（読エ）物語を読んで，登場人物の相互関係や心情，人物像や物語の全体像をもとに，「自分だけが見つけた物語の魅力」をまとめている。〔学習カード〕
6　一読しただけでは気が付かない「自分だけが見つけた物語の魅力」の見付け方を考える。	8	○「自分だけが見つけた物語の魅力」を書いたり，話し合ったりしましたね。どういうことに気を付ければ，見付けることができましたか？	・物語全体を通して描かれているものや，登場人物のアイテムなど，物語の展開で重要な役割を果たしているものに注目させる。
7　学習のまとめをする。	5	○並行読書材で役立てたいことは何ですか。	・今日の学習で学び取ったことや並行読書材で役立てたいことを学級全体で共有する。

⑧授業の実際（6時間目／8時間）

（1）グループでの話合いの場面

本単元では，本を読んだ人の多くが感じる物語の魅力（物語の魅力１）と自分だけが見つけた物語の魅力（物語の魅力２）に分けて物語の魅力を考えさせた。話合いでは主に物語の魅力２について話合いをさせた。物語の魅力２は一読しただけでは読者は気が付かない魅力としたため，子供たちは何度も読み返して物語の魅力を探そうとしていた。

T　友達と協力して，「あとがき」を読んだ人が感心するような「自分だけが見つけた物語の魅力」にしましょう。
C１　ぼくが見付けた物語の魅力は，「黒く静かに底の光のあみの上をすべりました。」っていうところに表れていると思うんだ。
C２　どうしてそう思ったの。
C１　ここって，魚がかわせみに食べられる「やまなし」で一番怖い場面でしょ。でも，情景は，ほらここ【全文シート】，「にわかにぱっと明るくなり，日光の黄金は…」ていうように，なんだか明るいんだよね。
C３　そうだね。前も情景の学習をしたけど，あの時は，登場人物の心情が情景によって表れていたよね。「あかつきの光は…」ってあったね。
C１　そうなんだよね。情景では一番明るいはずなのに，その光の影のように，これから怖いことがおこるぞ〜っていう伏線なんだよね。
C４　なるほどね。ぼくもそこが不思議に思っていたけど，確かにそう言われると納得するよ。
T　いい話合いをしているね。もう一度読んでみたくなるような「物語の魅力２」になりそうかな？　どうやってそんな魅力に気が付いたのかな？

発問・指示のポイント

ここでは，子供たちは「自分だけが見つけた物語の魅力」を伝えようとするが，共通教材のため，なかなか自分だけが見付けた魅力とはならない場合が多い。そこで，「感心した」，「もう一度読んでみたくなった」など，一読しただけでは気が付かない物語の魅力などもよいこととする。そして，どうやって見付けたのかを考えさせ，次の学級全体への話合いにつなげる。

（2）全体での話合いの場面

グループで話合いをした後に，全体で話合いを行った。全体での話合いでは，物語の魅力２（一読しただけでは気が付かない物語の魅力）に気付くにはどういう読み方をしたらいいのかを考えさせるようにした。

T　「自分だけが見つけた物語の魅力」を書いたり，話し合ったりしましたね。どういうことに気を付ければ，見付けることができましたか？

C１　はい。ぼくは「黒く静かに底の光のあみの上をすべりました。」というところが面白いと思いました。宮沢賢治さんは，あえて情景を明るくして，恐ろしい場面を予想させたからです。光と影が比べられているところが面白いです。

T　なるほど，面白いところに着目することができましたね。そしてそれは，どのようにして見付けましたか？

C１　何となく気が付いたのですが，たぶん，そこを読んだだけでは気が付かなかったと思います。その次の12月の場面を読むと，川の中が明るい場面がそこにしかないからそう思いました。

T　なるほど，じゃあ，他に同じようなところを選んだ人はいませんか？

C５　はい。ぼくも同じところが面白いと思いました。ぼくは，「あみの上をすべりました」という表現がとても面白いと思いました。

T　どういうことですか？

C５　はい。あみって，魚を捕まえるものなのに，それを滑るっていうのが，本物の網だったらありえないんだけど，その網は月明かりでできた波の影だからできるんだ。って思いました。その様子が頭に思い浮かんで，なんか不思議だなと思ったからです。

T　なるほど，すごいところに気が付きましたね。さて，２人は同じところを選んだのですが，見付け方は違うようです。どうやって見付けたのかが分かると，明日の並行読書材に役立てることができますので，少し考えてみてください。
（少し考えさせたり，隣と話し合わせたりする）

発問・指示のポイント

ここでは，子供たちの見付けた魅力を賞賛しながら，どうしてその魅力を見付けることができたのかを明らかにしていく活動である。話合いが成功したことを価値付けることにとどまらず，次時の並行読書材のことを視野に入れて，物語の魅力の見付け方を共有することを目的とした。

6年 ⑫「海の命」（光村図書6年）

並行読書材：『山のいのち』『街のいのち』『木のいのち』『牧場のいのち』　全て立松和平

①単元名

立松和平の作品を読み，「生き方」や「命」をテーマとする読書座談会を開こう

②単元の目標

・文の中での語句の係り方や語順，文と文との接続の関係，話や文章の構成や展開，話や文章の種類とその特徴について理解することができる。（知・技(1)カ）
・「海の命」とそのシリーズを読み，登場人物の相互関係や心情，場面についての描写を捉え，優れた叙述に着目することができる。（読むことイ）
・立松和平の作品を読み，生き方や命についてまとめた意見や感想などを共有し，自分の考えを広げることができる。（読むことカ）
・作品に描かれている登場人物のつながりや心情を読みながら，主人公の生き方について自分の考えをもとうとする。（学びに向かう力等）

③単元の評価規準

	知識・技能	思考・判断・表現	主体的に学習に取り組む態度
単元の評価規準	・文の中での語句の係り方や語順，文と文との接続の関係，話や文章の構成や展開，話や文章の種類とその特徴について理解している。（知・技(1)カ）	・登場人物の相互関係や心情などについて，描写をもとに捉えている。（読むことイ） ・「読書座談会」を通して本や文章を読んで考えたことを話し合い，自分の考えを広げたり深めたりしている。（読むことカ）	・作品に描かれている登場人物のつながりや心情を読みながら，主人公の生き方について自分の考えをもとうとしている。

④質の高い言語活動の概要

（1）言語活動：登場人物の相互関係が描かれている物語を読み，座談会をする。

（2）言語活動の特徴と目標の実現との関連

座談会とは，「数人が集まり，作品の疑問や叙述の解釈，テーマに関しての意見などを話し合う会」のことである。今回は司会を立てずに，「生き方や命」をテーマに座談会を行う方法を取る。座談会を通して，様々な視点から検討して，自分の考えを広げさせたいと考えた。また，意見の共通点や相違点を話し合い，異なる意見を自分の考えに活かせるようにしたいと考えた。

本単元では，言語活動として，立松和平の作品を読み，「生き方や命をテーマとする読書座談会」を開くと位置付けた。ここで位置付ける「読書座談会」は，物語を読んで，作品の疑問・感想や叙述の解釈などをグループで話し合い，テーマについて自分の考えを深める活動である。「命」に対する自分の考えの形成に活かすために，物語の中から強く響くことは何なのかを考えながら読んでいく。それにより本単元でねらう，第５・６学年の指導事項である，「イ　登場人物の相互関係や心情などについて，描写を基に捉えること。」のうち，特に「登場人物の相互関係や心情」を主体的に捉えて読む力を付けることができると考えた。また，並行読書材として「いのちシリーズ」を取り上げて読み，その中から同じ作品を選んだ者同士が「読書座談会」で話し合う。作品の解釈やそこから感じたことの共通点や相違点を「読書座談会」で話し合うことで「生き方」や「命」という抽象的なテーマに対して，考えをもったり深めたりすることができるようにした。このことから，本単元のもう１つのねらいである「カ　文章を読んでまとめた意見や感想を共有し，自分の考えを広げること。」に迫ることができると考えた。

⑤単元計画（全11時間）

次	時	主な学習活動	
0次	0	・立松和平作品に共通して出てくる「命」をテーマに対して，学習を進めていくことを知らせる。 ・並行読書材の４作品を読み聞かせ等で先行読書する。 ・教師作成の話合いのビデオを見る。	並行読書
1次	1	・読書座談会を想起し，学習全体の見通しをもつ。 ・全文を通読する。 ・並行読書材を選ぶ。	
2次	□2 ◇3	・登場人物や場面について，物語の設定を捉える。 ・登場人物の相互関係図を書き，矢印や読み取った言葉を書く。 ・読書座談会で話題にしたい「命」にかかわる言葉や文を書き抜く。	
	□4 ◇5	・自分が印象に残った表現に名前シールを貼る。 ・自分が選んだ表現が印象に残った理由を考える。 ・どうしてその叙述に着目したのかの理由について交流する。	
	□6 □7 ◇8 ◇9（本時）	・ミニ座談会を行い，座談会で深め合いたい内容を選別する。 （話題整理シートと付箋を使って，見やすく選別する） ・座談会で話し合いたい内容の順番を決める。【話合い活動（1）（2）（3）】 ・座談会で，一人一人の話題に対して自分なりの説明ができるようにしておく。	
3次	◇10 ◇11	・座談会で友達の考えを聞いたり，自分の考えを発表したりしながら「命」に対する考えを深める。 ・座談会を行って考えた深まったことや，他のグループに紹介したいことを学習カードに書き，学級全体で交流する。	

□…教科書教材
◇…教科書教材で学び取ったことを役立てる並行読書材

⑥この単元で設定する話合い活動と指導のポイント

（1）ミニ座談会と座談会

本単元では，単元の目標を達成するために「読書座談会」を言語活動として位置付けている。本単元での主な話合い活動は２つある。１つは「ミニ座談会」であり，もう１つは「座談会」である。「ミニ座談会」は座談会にむけて，一人一人の「話題にしたいこと」を一つ一つ取り上げ，話合いが深まりそうな話題と，すぐに解決してしまう話題とに整理する座談会である。また，話題によっては，話合いが叙述をもとに進めることができないものもあり，そういう話題も座談会で話し合うことができない話題として取り除くこととなる。「ミニ座談会」と「座談会の進め方」は以下の通りである。

【ミニ座談会】

・座談会に向けて，深め合いたい話題の選別をする。
・選別した話題を，どの順番で話をするのか優先順位を決める。
・その場で解決できる内容は解決する。

▲選別された話題整理シート

【座談会】

・一つ一つの話題について，叙述をもとに一人一人の考えを述べる。
・グループとして，どのように意見がまとまったかを書き出す。また，まとまらなくても，意見がどのように分かれたかを書く。
・話合いの中で，さらに課題となりそうな疑問が出てきた場合は，ミニ座談会の中で取り上げていなかったとしても「話題」として話し合う。

以上のように「座談会」を行う前に，「ミニ座談会」を設定し，座談会で話し合う話題を整理し，その話題に対しての自分の考えをもつ時間も設定した。「ミニ座談会」では，「座談会」へ向けて話合いをする価値があるかどうかを子供に考えさせることも「ミニ座談会」の醍醐味の１つと言える。

（2）話合いにおける全文シートの活用

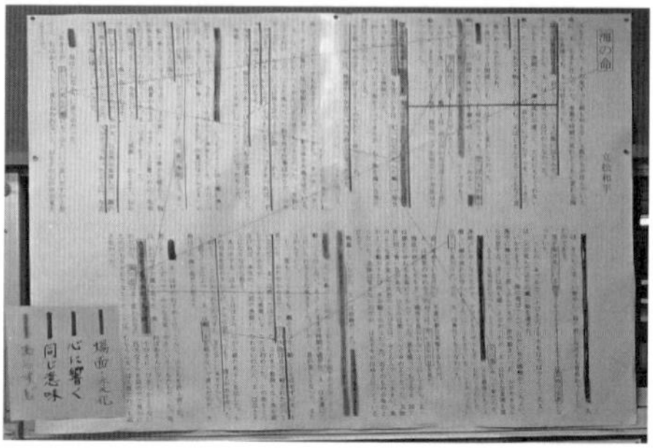

「ミニ座談会」や「座談会」で自分の考えを説明する際に，複数の叙述をつなげて自分の考えを説明するときに効果的であった。また，全文を拡大して掲示したものに名前シールを張ることで「誰がどういう叙述に疑問をもっているのか」や「誰がどういう叙述について話題にしたいのか」を一目で把握することができた。

（3）話し合う目的の明確化

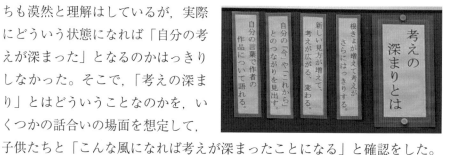

座談会では，自分の疑問や話題にしたいことを友達と話合い，自分の考えを深めることが目的となる。「自分の考えを深める」ということは，子供たちも漠然と理解はしているが，実際にどういう状態になれば「自分の考えが深まった」となるのかはっきりしなかった。そこで，「考えの深まり」とはどういうことなのかを，いくつかの話合いの場面を想定して，子供たちと「こんな風になれば考えが深まったことになる」と確認をした。

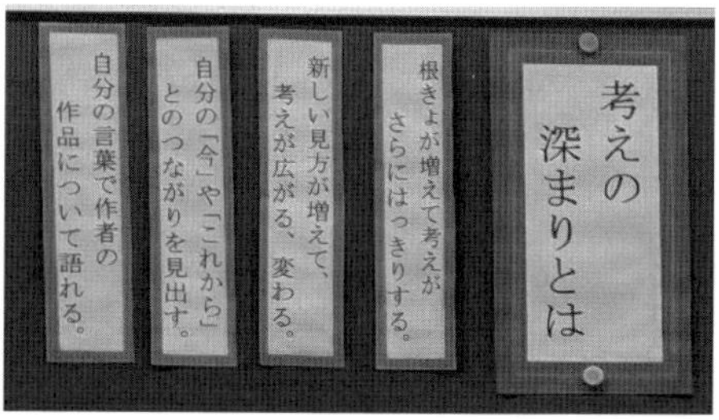

子供たちは，一人一人の話題にしたいことをグループで話合い，話題に対してグループの考えをまとめる。その時に，グループの話合いを黒板に掲示されている「考えの深まりとは」と照らし合わせることになる。その際に，例えば，「根拠が増えて，考えがさらにはっきりした！」となれば，その話合いは「考えが深まった！」となると考えた。また，黒板に掲示されていなくても，子供たちが「深まった！」と実感することができれば，その話合いも目的を達成したものとして考えた。

⑦本時の指導（9時間目／11時間）

（1）目標

・「海の命」から自分の心に響く登場人物の生き方に関わる叙述を手がかりに，生き方や命について考えたことを共有し，考えを広げることができる。

（読むことカ）

（2）展開

主な学習活動	時間（分）	主な発問（○）	指導上の留意点（・） 評価（◇）〔方法〕
1　本時のめあてとゴールを確認する。	2	○今日は，「海の命」で「座談会」のときに話し合う話題について選ぶ学習ですね。	・学習計画表を使って，本時の学習の目的を確認する。
2　「ミニ座談会」の進め方と自分の考えを確認する。	1	○「ミニ座談会」の進め方を確認しましょう。	・進め方表を使って確認する。
3　自分が選んだ話題について確認する。	9	○付箋に書き出した話題について確認しましょう。	・提示する付箋の中から，「座談会」のテーマとして，特に話し合う順番を考えさせる。
4　「海の命」のミニ座談会を行う。	20	○「海の命」のミニ座談会を始めましょう。 ○話合いが平行線になりそうなものは，「座談会」のテーマから外しましょう。また，その場で簡単に解決できるものは，解決しましょう。	・考えの根拠について話し合う場合には，常に教科書の叙述に戻るように促す。 ・叙述から読み取れないものは，「座談会」のテーマとしてふさわしくないことを伝える。 ◇（読力）生き方や命について考えたことを共有し，考えを広げている。　〔話合い〕
5　「命や生き方」についての内容かを確認する。	8	○「座談会で」話し合いたい内容が「命や生き方」というテーマに沿っているか，もう一度考えましょう。	・「座談会」で話し合いたい内容を選別し，話し合いの順番を選ぶように言葉かけをする。
6　学習のまとめをする。	5	○「座談会」で話し合いたい内容はどのようなものになりましたか。	・今日の学習で学び取ったことを学級全体で共有する。 ・他のグループの話題について，自分のグループで取り入れたいものは，話題にしてもよいこととする。

⑧授業の実際（７時間目／10時間）

（1）ミニ座談会の場面

ミニ座談会では，一人一人の疑問や話題にしたいことを付箋に書いたものを，座談会で話題にするかどうかを話し合う。そこでは，疑問を書いた付箋を一人一人が出し合いながら，座談会で話題にするものと，話題にしないものを分けていく。

T　座談会で取り上げたい話題をグループで考えましょう。
C１　ぼくは，「もう魚を海に自然に遊ばせてやりたくなっとる」という一文が気になったんだけど，これはどういうことかな？（付箋を話題整理シートに貼りながら）
C２　そこ，ぼくも気になったよ。「自然に遊ばせる」ってどういうことなんだろうね？
C３　じゃあ，少し話し合ってみようか。
C４　そろそろ漁をやめようとしているんじゃないかな？
C１　どこからそう思ったの？
C４　だって，ここに（全文シートを指さしながら）「わしも年じゃ」って書いてあるでしょ。太一は与吉じいさの弟子にしてくれるように頼んだから，それを断ろうとして言ったんじゃないかな？
C２　確かに。今，思ったんだけど，ここに「無理やり与吉じいさの弟子になった」って書いてあるから，やっぱり漁師を引退しようとしていたんだと思うよ。
C１　なるほど，分かったよ。ありがとう。じゃあ，この話題は解決でいいね。
C２　そうだね。ぼくも分かったよ。

発問・指示のポイント

座談会でどういう話題で話し合うのかを決めるので，簡単に解決してしまいそうな話題や，いくら話し合っても分からない話題は取り除くようにさせる。また，話題を決めるための話合いなのに，どんどん話合いを深めていってしまうグループがあるので，そういうときは，いい話題だから座談会で話し合うようにさせて，次の話題に進めさせる。

（2）ミニ座談会の後の全体での話合いの場面

グループごとにミニ座談会を行い，どんな内容を話し合ったのかを簡単に発表をする。他のグループの話題を聞いて，自分たちのグループにその話題を取り入れてもよいこととした。また，全ての話題を発表するのではなく，盛り上がりそうな話題について発表させるようにした。

T	グループごとに「ミニ座談会」で話し合ったことの中で，座談会で盛り上がりそうな話題について発表してください。
C１	ぼくたち一班では，「千びきに一ぴきでいいんだ。千びきいるうち一ぴきをつれば，ずっとこの海で生きていけるよ」というところが気になりました。
T	どうして，その叙述が気になったのですか。
C１	Ｃ２さんとＣ３さんは，太一のお父さんを殺した海だから，「たくさん捕るとばちがあたるんじゃないか」とか「自然のおきてなんじゃないか」と言っていて，Ｃ４さんは，「おじいさんだから，たくさんの魚を捕る体力がないのかも」って言って，一人一人考えが違っていて面白そうだから座談会で話題にすることにしました。
T	なるほど，今度の座談会が楽しみですね。では２班。
C５	ぼくたちの班では「海に帰りましたか」という表現が気になりました。
T	どうしてその表現が気になったのですか？
C５	ぼくたちの班では，これは与吉じいさが死んだことを表していると，みんなが思っていたのですが，立松和平さんが，どうしてこんな表現をしたのか考えてみたいと思いました。海って一体何だろうって。
T	なるほど。それは深いですね。座談会で話し合ったら，ぜひ先生にも教えてください。

発問・指示のポイント

他の班の発表を聞いて，自分と同じ話題について話し合うグループがあったら，子供たちは，座談会の後で意見交換をしたくなるのである。その場合はグループごとに意見交換をしてもよいことを伝える。また，自分たちのグループで話題にしなかったもので，「その話題面白そう！」というものがあれば，自分の班に取り入れて，座談会で話題にしてもよいことを伝える。

❶「くじらぐも」

【掲示物　学習計画】

ふきだしにかいて　しょうかいしよう

学しゅうのながれ

☆おはなしをきく。
☆学しゅうのながれをたしかめる。

「くじらぐも」

☆どんなおはなしか、たしかめる。
☆おきにいりのところを見つける。
☆大すきをきめて、りゆうをかく。
☆大すきをつたえあって、ふきだしをかく。

「ぐりとぐらシリーズ」

☆どんなおはなしか、たしかめる。
☆おきにいりのところを見つける。
☆大すきをきめて、りゆうをかく。
☆大すきをつたえあって、ふきだしをかく。

☆だいすきふきだしカードをせいしょうする。
☆だいすきふきだしカードを、学ねんのともだちにしょうかいする。

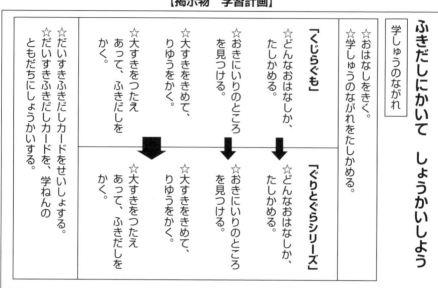

【掲示物　伝え合いの手がかり】

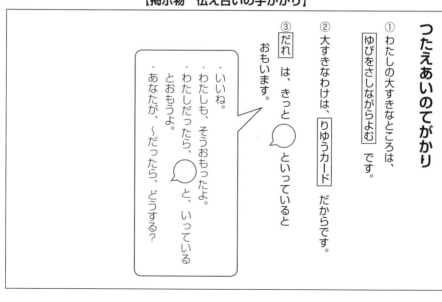

つたえあいのてがかり

① わたしの大すきなところは、ゆびをさしながらよむ　です。
② 大すきなわけは、りゆうカード　だからです。
③ だれ　は、きっと　○　といっているとおもいます。

・いいね。
・わたしも、そうおもったよ。
・わたしだったら、○と、いっているとおもうよ。
・あなたが、～だったら、どうする？

【ワークシート】

一ねん　くみ（　　　　　　　）

大すきな一文

大すきなわけは

は、きっとこんなことを おはなししているとおもいます。

【資料　話し合いのモデル】

「くじらぐも」モデル

浅井　わたしの大好きなところは、「くじらは、……いきました。」（10頁2〜5行目）です。どうしてかというと、くじらと子供たちが空の中を進んでいったところが、とっても気持ちよさそうだなと思ったからです。わたしもくじらぐもに乗ってみたいです。この子は、きっと「みてみて、わたしさかさまになってるよ。落っこちそうだけど、楽しいなあ。」と言っていると思います。

野々村　いいね。ほかにも、「町がさかさまに見えるよ。くじらがぐんぐん進んで、風が気持ちいいな。ちゃんとつかまってないと、あぶないな。」と言っていると思うよ。

浅井　ああ〜なるほど。

野々村　浅井さんが、くじらぐもに乗ったら、どうする?

浅井　わたしだったら、くじらぐもの上でジャンプしてみたいなあ。だって、すごくふわふわしてそうだもん。転んでも痛くなさそうだよ。

野々村　本当だね。ふわふわのくじらぐも、触ってみたいよね。じゃあ、次はわたしの番ね。わたしの大好きなところは、「くもの、くじらは、また、げんきよく、……

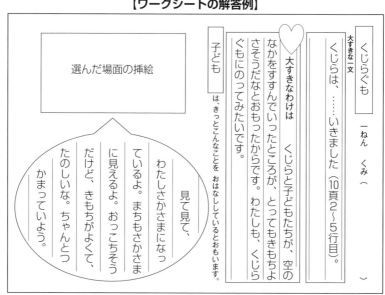

【ワークシートの解答例】

くじらぐも

一ねん　くみ（　　　）

大すきな一文

くじらは、……いきました（10頁2〜5行目）。

大すきなわけは　くじらと子どもたちが、空のなかをすすんでいったところが、とってもきもちよさそうだなとおもったからです。わたしも、くじらぐもにのってみたいです。

子ども　は、きっとこんなことを　おはなししているとおもいます。

見て見て、わたしさかさまになっているよ。まちもさかさまに見えるよ。おっこちそうだけど、きもちがよくて、たのしいな。ちゃんとつかまっていよう。

選んだ場面の挿絵

❷「たぬきの糸車」

【掲示物　学習計画】

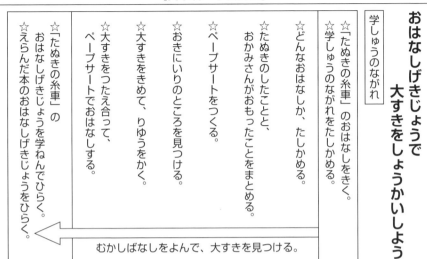

おはなしげきじょうで　大すきをしょうかいしよう

学しゅうのながれ

☆「たぬきの糸車」のおはなしをきく。
☆学しゅうのながれをたしかめる。

☆どんなおはなしか、たしかめる。
☆たぬきのしたことと、おかみさんがおもったことをまとめる。
☆ペープサートをつくる。
☆おきにいりのところを見つける。
☆大すきをきめて、りゅうをかく。
☆大すきをつたえ合って、ペープサートでおはなしする。

むかしばなしをよんで、大すきを見つける。

☆「たぬきの糸車」のおはなしげきじょうを学ねんでひらく。
☆えらんだ本のおはなしげきじょうをひらく。

【掲示物　伝え合いの手がかり】

つたえあいのてがかり

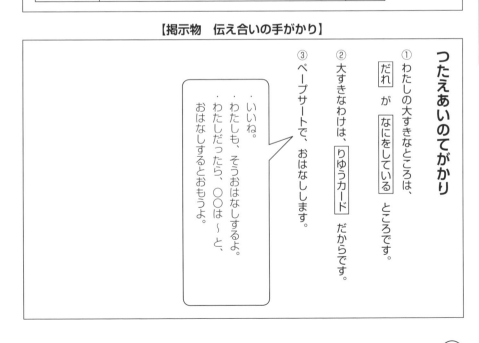

① わたしの大すきなところは、［だれ］が［なにをしている］ところです。
② 大すきなわけは、［りゅうカード］だからです。
③ ペープサートで、おはなしします。

・いいね。
・わたしも、そうおはなしするよ。
・わたしだったら、〇〇は～と、おはなしするとおもうよ。

おはなしげきじょうで
大すきをしょうかいしよう

一ねん　くみ（　　　　　　　　）

さくしゃ【　　　　　　　　】

〈大すきなばめん〉

だれ　　　　　　　　が

なにをしている　　　　　ところ

〈大すきなわけ〉

【資料　話し合いのモデル】

「たぬきの糸車」モデル

浅井　わたしの大好きなところは、たぬきが、糸車を回すおかみさんを見ているところです。大好きなわけは、おかみさんが回す糸車を見て、たぬきの目玉もくるりくるりと回っているのが、おもしろいと思ったからです。たぬきは、おかみさんと一緒に糸車を回したくなったんだと思います。ペープサートでお話します。

(お)「ふふふ、たぬきがまたのぞいているな。一緒に糸車を回したいのかな。」

(た)「おかみさんが回しているのは、一体何だろう。ずっと見ていると、目が回ってくるよ～。」

(お)「たぬきが糸車を回すまねをしている。目玉が一緒に回って、かわいいな。」

野々村　いいね。たぬきが、「目が回ってくるよ～」と言っているのが、おもしろいね。

わたしだったら、たぬきは

(た)「キークルクル、キークルクル。なんだか楽しくなる音だなあ。ぼくも回してみたいなあ。」

と、お話すると思うよ。

浅井　それも、いいね。

野々村　浅井さんが、おかみさんだったら、どうする?

浅井　わたしだったら、目玉がくるりくるりと回っているたぬきを見て、笑っちゃうと思うなあ。だって、やぶれしょうじの穴から目玉だけ見えているなんて、おもしろいもん。

野々村　本当だね。わたしも、がまんできなくて笑っちゃうかな。

じゃあ、次はわたしの番ね。

わたしの大好きなところは、たぬきが、……

【ワークシートの解答例】

おはなしげきじょうで大すきをしょうかいしよう

一ねん　くみ（　　　）

たぬきの糸車
さくしゃ【きし　なみ】

〈大すきなばめん〉

だれ　たぬき　が

なにをしている　糸車をまわす　おかみさんを見ている　ところ

〈大すきなわけ〉

おかみさんがまわす糸車を見て、たぬきの目玉もくるりくるりとまわっているのが、おもしろいなとおもったからです。たぬきは、おかみさんといっしょに糸車をまわしたくなったとおもいます。

❸「スイミー」

【掲示物　学習計画】

レオ＝レオニさくひんの「とびだせ！お気に入りブック」をつくってしょうかいしよう

<table>
<tr><td>1</td><td></td><td>学しゅうけいかくを立てる。</td></tr>
<tr><td>2</td><td></td><td>「スイミー」を読んで、あらすじを書く。</td></tr>
<tr><td>3</td><td></td><td>えらんだ本を読んで、あらすじを書く。</td></tr>
<tr><td>4</td><td></td><td>「スイミー」のお気に入りの一文をきめてりゆうをかんがえる。</td></tr>
<tr><td>5</td><td></td><td>「スイミー」のお気に入りのりゆうをつたえあう。</td></tr>
<tr><td>6</td><td></td><td>えらんだ本のお気に入りの一文をきめてりゆうをかんがえる。</td></tr>
<tr><td>7</td><td></td><td>えらんだ本のお気に入りのりゆうをつたえあう。</td></tr>
<tr><td>8</td><td></td><td rowspan="2">カードにせい書をして、お気に入りブックをかんせいさせる。</td></tr>
<tr><td>9</td><td></td></tr>
<tr><td>10</td><td></td><td>ともだちと読みあう。</td></tr>
</table>

★と書しつにおく。

【掲示物　伝え合いの手がかり】

つたえあいの手がかり

ぼくの（わたしの）お気に入りの一文は、……です。
この一文がお気に入りのりゆうは、……からです。どうですか。

いいね。なるほど。そうなんだ。
……が、よくわかったよ。
ぼくも（わたしも）……とおもうよ。
ぼくは（わたしは）……とおもうな。

……って、どういうこと？
どうして　そうおもったの？
じぶんが……だったら、どうする？
□□さんは、どうおもう？

ぼく（わたし）だったら、……するな。

話せてよかったです。ありがとう。

【ワークシート】

レオ＝レオニさくひんの「とびだせ！お気に入りブック」をつくってしょうかいしよう

二年　組　名前（　　　　　　　　　　）

めあて　「スイミー」のお気に入りの一文とりゆうをかんがえよう。

お気に入りのりゆうを書こう。

つけたし

お気に入りの一文を書きぬこう。

まとめ

【資料　話し合いのモデル】

話し合いのモデル

発表者	
A	わたしのお気に入りの一文は、「さかなはさかなさ。」です。お気に入りのりゆうは、さかながかしこいなと思ったからです。どうですか。
B	その一文、わたしもお気に入りの一文にしようかまよったんだ。いいよね。
C	かしこいって、どんなところがかしこいと思ったの？
A	だってさ、ここに、「きみのいったとおりだよ。」ってあるでしょ。それって、かえるの言ってたことがわかったってことでしょ。
B	そう言えば、かえるがおたまじゃくしのときに、「さかなはさかな。」って言ってたよね。
A	そうそう。それがわかったってことは、じぶんはさかなのままでいいんだって気がついたってことだから、さかなはかしこいなと思ったんだ。
C	なるほど。よくわかったよ。
B	もしAさんがさかなだったら、どうする？
A	ううん…。（なやむ）
B	もしわたしがさかなだったら、まだそとのせかいにいたいなって思うな。
C	ふうん、そうなんだ。ぼくだったら、言ってくれたかえるに「ありがとう」って言うかも。
A	なるほど。いいね。わたしもそう思うかもしれない。ありがとう。いろいろお話しできてよかったです。では、Bさんの発表をお願いします。

【ワークシートの解答例】

レオ＝レオニさくひんの「とびだせ！お気に入りブック」をつくってしょうかいしよう

二年　組　名前（　　　　）

めあて　「スイミー」のお気に入りの一文とりゆうをかんがえよう。

お気に入りの一文を書きぬこう。

あさのつめたい……をおい出した。（59頁5～8行目）

お気に入りのりゆうを書こう。

りゆうは、小さな魚たちが力をあわせて、大きな魚をおい出したところが、すごいなとおもったからです。小さな魚たちは、ドキドキしながらがんばっておよいだとおもいます。

つけたし

わたしが小さな魚だったら、大きな魚がこわくて、岩かげから出てくることができないかもしれません。スイミーも小さな魚もえらいです。

まとめ

「わたしだったら」「ぼくも」を入れて書くと、りゆうがつたわりやすい。

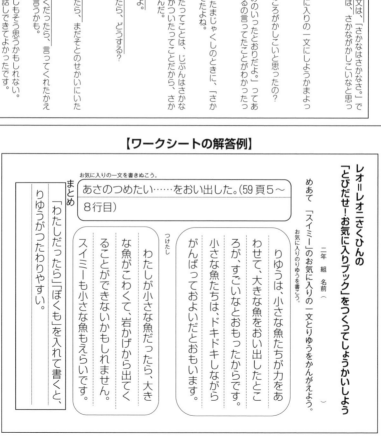

❹「お手紙」

【掲示物　学習計画】

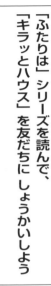

「ふたりは」シリーズを読んで、「キラッとハウス」を友だちに しょうかいしよう

☆学しゅうけいかくを立てる。

「お手紙」	**「ふたりは」シリーズ**
☆お話を読んで、あらすじを書く。	☆お話を読んで、あらすじを書く。
↓	↓
☆「キラッ」を見つけて、理ゆうを考えて書く。	☆「キラッ」を見つけて、理ゆうを考えて書く。
☆「キラッ」と思った理ゆうをつたえ合って、つけ足す。	☆「キラッ」と思った理ゆうをつたえ合って、つけ足す。

☆「キラッとハウス」のせい書をする。
☆「キラッとハウス」を、学年の友だちにしょうかいする。

【掲示物　伝え合いの手がかり】

つたえ合いの手がかり

ぼく（わたし）がキラッと思ったところは、……です。
どうしてかというと、……からです。
どうですか。

いいね。なるほど。そうなんだ。
ぼくも（わたしも）……と思うよ。
ぼくは（わたしは）……と思うな。

……って、どういうこと？
どうして　そう思ったの？
自分が……だったら、どうする？
□□さんは、……したことある？
ほかに、同じような場めん（お話）はなかった？

ぼく（わたし）だったら、……するな。
ぼく（わたし）は、……したことあるよ。
「○○」の……とにているよ。ちがうよ。

話せてよかったです。ありがとう。

【ワークシート】

「ふたりは」シリーズを読んで、「キラッとハウス」を友だちにしょうかいしよう

名前

めあて 「お手紙」の「キラッ」を見つけて、りゆうを書こう。

キラッと思ったところ

〈りゆう〉

つけ足したいことや、なおしたいことばを書きましょう。

【掲示物　「キラッ」を書くときの手がかり】

「キラッ」を書くときの手がかり

①行どうや会話からそうぞうしたこと。
②「自分だったら、…」と考えたり、体けんを思い出したりしたこと。
③シリーズのほかのお話とくらべてどうか、考えたこと。

【掲示物　あらすじを書くときの手がかり】

あらすじを書くときの手がかり

○絵もよく見て、はじめ・中・おわりで考える。
○お話をよく読んで、だいじなできごとだけをえらんで、みじかく書く。

【ワークシートの解答例】

「ふたりは」シリーズを読んで、「キラッとハウス」を友だちにしょうかいしよう

名前

めあて　「お手紙」の「キラッ」を見つけて、りゆうを書こう。

キラッと思ったところ

「だって、……出したんだもの。」(15頁2行目)

〈りゆう〉

どうしてかというと、かえるくんが、がまくんにないしょでお手紙を書いたはずだったのに、がまんができなくなって言ってしまったところが、おもしろいなと思ったからです。

かえるくんは、すごくがっかりしていて元気がないがまくんに、早く元気を出してもらいたかったんだと思います。

つけ足したいことや、なおしたいことばを書きましょう。

わたしがかえるくんだったら、お手紙になんて書いたかは、がまくんにとどくまでだまっておきたいです。

本当は、手紙がゆうびんうけに入っているところをがまくんに見せたかったけど、

❺「もうすぐ雨に」

【掲示物　学習計画】

ファンタジー作品を読み、フリップを使ってしょうかいしよう

1. 学習計画を知る「もうすぐ雨に」を読み、あらすじをつかむ。
2. 「もうすぐ雨に」の物語の組み立てを考える。
3. えらんだ物語の組み立てを考える。
4. 「もうすぐ雨に」の登場人物の気持ちを考える。
5. えらんだ物語の登場人物の気持ちを考える。
6. 「もうすぐ雨に」の「ここがイチおし」の一文を見つける。
7. 「もうすぐ雨に」の「ここがイチおし」の一文を友だちと交流する。
8. えらんだ物語の「ここがイチおし」の一文を見つける。
9. えらんだ物語の「ここがイチおし」の一文を友だちと交流する。
10. フリップを作り、発表のじゅんびをする。
11. 四年生にしょうかいする。

【掲示物　伝え合いの手がかり】

つたえ合いの手がかり

ねぇねぇ聞いて！
わたしの「イチおし」の一文は…なんだ。
イチおしのりゆうは、～で～という気持ちや、～で～というせいかくから、「ぼく」のことがよく分かったからだよ。
もっと、りゆうがよくなるかな？

- ぼくも、～さんのここはすごくいいと思うよ。
- ぼくは、ここの登場人物の気持ち（せいかく）が分からないから入れた方がいいと思うよ。
たとえば、うれしい　やさしい

- …ってどういうこと？もう少しくわしく教えて。
- どうして（どこから）そう思ったの？
- たしかにそうだけど、○○じゃない？

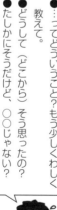

ありがとう。

【ワークシート①】

ここがイチおし！

物語の題名

作者名

名前

イチおしの一文

イチおしの理由

絵

【ワークシート②】

物語の題名

作者名

○○の気持ち

絵

文を書きぬいて，「　　」の気持ちを考えよう（例：ため息をついた⇒こまっている）

はじまり

出来事がおこる

出来事がへんかする

むすび（出来事がかいけつする）

【ワークシート①の解答例】

物語の題名　もうすぐ雨に

作者名　朽木　祥

ここがイチおし！

名前

絵

選んだ場面の挿絵

イチおしの一文

雨がふるのが……どこかにいるのかも。

（77頁３～５行目）

イチおしの理由

はじめ，「ぼく」は「動物の……いいのになあ。」（68頁６行目）と言っていた。でも，動物の言葉が聞こえるようになって，ほかの動物のことを心に思いうかべるようになったのが，すてきだなと思ったから。

【ワークシート②の解答例】

物語の題名　もうすぐ雨に

作者名　朽木　祥

○○の気持ち

「ぼく」の気持ち

絵

登場人物の挿絵

文を書きぬいて，「ぼく」の気持ちを考えよう（例：ため息をついた⇒こまっている）

はじまり

動物……いいのになあ。（68頁６行目）→物足りない

出来事がおこる

ぼくも，……開けた。（71頁６行目）→びっくり・こわい

出来事がへんかする

遠くから……聞こえてきた。（77頁９～10行目）→おもしろい

むすび（出来事がかいけつする）

ぼくには……分かったよ。（79頁９～10行目）→気分がいい・さわやか

⇩

かえるをたすけた「ぼく」は，動物の声が聞こえるようになってびっくりする。しかし，雨の中動物たちのことを思い浮かべるとおもしろくなっていき，動物の声が聞こえなくなっても「ぼく」の気分はよかった。

❻「モチモチの木」

【掲示物　学習計画】

昔話やみん話を読み、フリップを使ってしょうかいしよう

1 学習計画を知る。あらすじをつかむ。

モチモチの木

2 物語の組み立てを考える。

4 登場人物の気持ちのへん化を考える。

6 登場人物のせいかくを考える。

8 「ここがイチおし」の一文を見つける。

9 「ここがイチおし」の一文を友達と交流する。

えらんだ物語

3 物語の組み立てを考える。

5 登場人物の気持ちのへん化を考える。

7 登場人物のせいかくを考える。

10 「ここがイチおし」の一文を見つける。

11 「ここがイチおし」の一文を友達と交流する。

12 フリップを作り、発表のじゅんびをする。

13 四年生にしょうかいする。

【ワークシートの解答例】

大好きな登場人物をしょうかい人形でしょうかいしよう

「モチモチの木」

三年　組　名前

大好きな登場人物のせいかくを考えよう。

○○はこんな人！

○せいかくが表れている文を書きぬく。

・文　夜中に、……行けたっていい。（104頁1～5行目）

↓せいかく　おくびょう

・文　いたくて、……こわかったからなぁ。（111頁3～4行目）

↓せいかく　ゆうきがある

まとめると…

⇩

豆太は、おくびょうだけどいざというときには、ゆうきがでるせいかく

自分とくらべてみたら…

○登場人物と自分をくらべて感想を書こう。

もし、ぼくが豆太だったら、じさまを助けにふもとの医者様のところに行けるかなあと思いました。ぼくもおじいちゃんが好きだけど、夜中に星と月だけの明かりの山道は、とってもこわいと思いました。

【ワークシート】

大好きな登場人物をしょうかい人形でしょうかいしよう

「モチモチの木」

三年　　組　名前

大好きな登場人物のせいかくを考えよう。

○○はこんな人！

○せいかくが表れている文を書きぬく。

・文
→せいかく
・文
→せいかく

まとめると…　⇩

自分とくらべてみたら…

○登場人物と自分をくらべて感想を書こう。

❼「プラタナスの木」

【掲示物　学習計画】

心に残ったところを「思いのとびら」で伝えよう

一次					三次	
1		2　3	4　5	7・6　9・8	11・10	12
「思いのとびら」のモデルを見て、単元のめあてと学習の流れを知る。	プラタナスの木	物語の設定やてん開をおさえ、あらすじをまとめる。	登場人物のしょうかいを書く。	心に残ったところを選び、その理由を書く。心に残ったところの理由を話し合う。	「思いのとびら」を完成させる。	五年生に、心に残ったところを伝える。
	選んだ本	物語の設定やてん開をおさえ、あらすじをまとめる。	登場人物のしょうかいを書く。	心に残ったところを選び、その理由を書く。心に残ったところの理由を話し合う。		

【ワークシートの解答例】

心に残ったところを「思いのとびら」で伝えよう

「プラタナスの木」　四年　組　名前

めあて　心に残ったところとその理由を書こう。

ぼくがこの本を読んで一番心に残ったところは、「きっとまた、おじいさんにも会える」のところです。なぜかというと、プラタナスの木が切りかぶだけになってしまったけど、春になると芽を出すかもしれないという期待がもてるからです。

マーチンたちは、プラタナスの木があるときは、木の精のおじいさんと話したり、おじいさんに見守ってもらったりして、楽しくサッカーをしていました。けれども、木が切られてからは、おじいさんは公園にすがたを見せなくなり、サッカーも白熱しなくなってしまいました。だから、マーチンたちのプラタナスの木とおじいさんへの気持ちがとてもよく表れているからこの文章を選びました。

◎もっとよくしたいと思うところ

みんなに考えてほしいところは、
・マーチンたちが木のみきや枝になろうとした理由。
・物語の終わりが楽しい結末になることを伝えたい。

【ワークシート】

心に残ったところを「思いのとびら」で伝えよう

「プラタナスの木」　四年　組　名前

めあて

心に残ったところとその理由を書こう。

◎もっとよくしたいと思うところ

❽「ごんぎつね」

【「本しゃベリスト」の「心のとびら」の伝え方例】

「本しゃべリスト」の「心のとびら」の伝え方(例)

これから、「(題名)」の「心のとびら」をしょうかいします。

わたしが紹介するお話は「○○」です。作者は○○です。

主人公のしょうかい

この本の主人公は○○です。

○○で、○○で、○○なせいかくで、

一言で言うと○○で○○な人です。

あらすじ

あらすじは、○○○というお話です。

心に残ったところとその理由

わたしが心に残ったところは、「○○○」の場面です。

その理由は、最初は主人公が○○という気持ちだったのに、(出来事)

があって○○という気持ちに変化したのが、

(自分の気持ち、感想)と思ったからです。

これでしょうかいを終わります。

感想やアドバイスを、ふせんに書いて教えてください。

【資料　話し合いのモデル文】

「よりよい理由にするため」の話し合いのモデル

～『白いぼうし』～　　　　　　年　　組　名前

浅井	じゃあ私からね。みんなに聞きたいのは、仲間のところにもどることができた時の、ちょうの気持ちをもっ	質問する時
	と書きたいことなんだけど、「すごくうれしかった」の他に、何かありますか。	
高木	松井さんへの「ありがとう」っていう気持ちがあると思う。	
渡邊	それ、ぼくも書いた！「松井さん、ありがとう」って。	同じ考え
浅井	ああ、松井さんへの感しゃの気持ちね。	別の言葉で言いかえる
	どこからそう思ったの？	使いたい言葉
高木	ここ（教科書を指して）で、松井さんはぼうしをつまみ上げて、とじこめられていたちょうをにがしたよね。	教科書を指差す
渡邊	しかも、ここ（教科書を指して）で、女の子に化けたちょうを菜の花横町まで送ってあげたんだよ。だから、	教科書を指差す
	「松井さんありがとう」っていう気持ちだと思う。	
浅井	なるほどね。ちょうの気持ち、他にもある？	
渡邊	これは自分が元々書いていたんだけど、「みんなのところに帰れてよかったな。もう安心だ。」って書いたよ。	
浅井	ああ、「安心」って言葉いいね。たしかに、「男の子につかまえられたちょうは、せまくて暗いぼうしの中で	いいなと感じたこと
	すごくこわい思いをしたのだと思う」って、私書いていたし。つながるね。	使いたい言葉
高木	それって、「ほっとした」っていうこと？	別の言葉で言いかえる
浅井	その言葉もいいね。	いいなと感じたこと
	高橋さんは、何て書いた？	発言が少ない子に意見を聞く
高橋	「やっと帰れた…みんなに会いたかった…無事に帰れてよかった…」って書いたよ。	
浅井	「みんなに会いたかった」っていうのは、思いつかなかったな。なるほど。	
渡邊	その「…」もいいね。ちょうががんばって逃げてきた感じが伝わらない？	いいなと感じたこと
高木	ああ、必死な感じね。わかるわかる。	使いたい言葉
	ここ（教科書を指して）で、「つかれたような声でした」って書いてあるしね。	教科書を指差す
浅井	なるほど。他に、直した方がいいところはある？	
渡邊	ここ（指差して）、「言いながら」よりも「言い合いながら」にしたらいいかなと思ったんだけど、どう？	
浅井	どうして？	わからないと感じたら、えん
渡邊	だって、「言いながら」だと、なんか白いちょうが一匹で「よかったね、よかったよ。」って言ってるみたいじゃ	りょせずに聞く。
	ない？でも、「言い合いながら」だと、何匹かのちょうが口々に言ってる感じ。ほら、教科書のここ（指差し	教科書を指差す
	て）にも、「白いちょうが、二十も三十も、いえ、もっとたくさん飛んでいました」って書いてあるから、み	
	んなで言ってるんだよ。	
全員	ああ～。	使いたい言葉
浅井	他に直した方がいいところはある？	
高橋	ないかなあ。じゃあ、いいなと思ったところを言うよ。	よかったところを伝える時
	まず、ここ（指差して）の「男の子につかまえられてしまったちょうが、松井さんのおかげで助かって、わ	
	たしもよかったなあと思ったから」っていうところがいいなと思った。「よかったなあ」だけじゃなくて、「男	
	の子につかまえられてしまった」とか「松井さんのおかげで」とか、付け足したからね。	
高木	うん、くわしく書いているよね。あと、ここは、私は「景色が美しいから」っていう理由だったけど、でも	
	浅井さんは「ちょうが助かってよかったから」っていう理由だよね。私は書いていなかったから、いいなと思っ	自分の考えとのちがいを伝え
	たよ。	る
高橋	ぼくは、浅井さんの理由の方と近いなあ。	自分は、どの立場か
渡邊	ぼくもそうかも。	
	あと、さっき高橋さんが言っていた「くわしく書いていていい」っていうことに付け足しなんだけど、ぼ	使いたい言葉
	くが線を引いた（ワークシートを見せて）「せまくて暗いぼうしの中ですごくこわい思いをしたのだと…」っ	
	ていうところも、ちょうの気持ちをくわしく書いているね。	
高木	あと、最後の「わたしも、」もいいよね。	
渡邊・高橋	うんうん、ぼくも線引いた！	
渡邊	ぼく、「自分だったら」っていうのが思いつかなかったんだけど、浅井さんの話面白いなって。	
浅井	みんなも、迷子になったことない？	
高橋	あるある。一年生の時、アリオで迷子になってさ。	
高木	そういう迷子じゃなくて、もっと大変なやつじゃない？ここで書くのは。	
高橋	どういうこと？	わからないと感じたら、えん
高木	だって、はぐれたちょうは、自分がどこにいるかさえわからなかったんだよ。アリオで迷子になるより怖いよ。	りょせずに聞く
浅井	たしかに。ここ（教科書を指して）に、「道にまよったの。」って書いてあるね。「行っても行っても」って、	教科書を指差す
	すごく疲れてる感じがする。	
高橋	じゃあ、どんな迷子があったかなあ…。	
渡邊	ねえ、そろそろ次の人のにいった方がいいんじゃない？迷子の話は、いったんおいておこうよ。	次の話題への切りかえ
全員	そうだね。	
浅井	じゃあ、みんな考えてくれてありがとう。	話し合いの最後

❾「なまえつけてよ」

【掲示物　単元計画】

登場人物の関係が描かれている物語を読んで、クチコミですいせんしよう

単元計画

○学習の流れ知り、すいせんする本を選ぶ。

「なまえつけてよ」

○あらすじの書き方を学び取る。

○物語の特ちょうをレーダーチャートで表す方法を学び取る。

○おすすめの一文を選び、理由の書き方を学び取る。

「へい行読書材」

○あらすじを書く。

○物語の特ちょうをレーダーチャートで表す。

○おすすめの一文を選び、理由を書く。

○タイトルを考え、☆をつける。

○クチコミをもとに交流する。

【ワークシートレーダーチャート記入例】

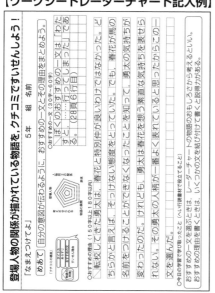

登場人物の関係が描かれている物語を，クチコミですいせんしよう！

「なまえつけてよ」　　5年　　組　　名前

めあて　自分の意図が伝わるように，おすすめの一文とその理由をまとめよう。

「クチコミの構造」　物語の特徴／タイトル／あらすじ／おすすめの文／すいせん理由

○おすすめの一文（30字～60字）

ぼくのおすすめの一文は「わたすと，……行ってしまった」である。（28頁6行目）

○おすすめの理由（150字以上180字以内）

転校してきた勇太は，春花と特別仲が良いわけではなかった。どちらかと言えば，そっけない態度をとっていた。でも，春花が馬の名前をつけることができなくなったことを知って，勇太の気持ちが変わったのだ。けれども，勇太は春花を想う素直な気持ちを表せられない。その勇太の人柄が一番よく表れていると思ったからこの一文を選んだ。

○今日の学習で学び取ったこと（へい行読書材で役立てること）

おすすめの一文を選ぶときは，レーダーチャートの物語のおもしろさから考えるといい。おすすめの理由を書くときは，いくつかの文を結び付けて書くと説得力がある。

【読書カード記入例】

読書カード

年　組　名前

本の名前「プラネタリウム（小学五年生）」　作者「重松清」

○おすすめ度　★★★★☆

○レーダーチャート

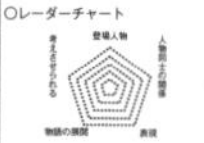

○キャッチコピー（その本の特ちょうを一言で言うと）

ステッカーより大事なものがあるんじゃないの？

○あらすじ（誰が　どうして　どうなった話）

男の子が科学教室で女の子と出会ったけど，何もなかった話

○読後感（一言感想）

ぼくだったら，追いかけるけどなあ。

本の名前「　　」　作者「　　」

○おすすめ度　☆☆☆☆☆

○レーダーチャート

○キャッチコピー（その本の特ちょうを一言で言うと）

○あらすじ（誰が　どうして　どうなった話）

○読後感（一言感想）

本の名前「　　」　作者「　　」

○おすすめ度　☆☆☆☆☆

○レーダーチャート

○キャッチコピー（その本の特ちょうを一言で言うと）

○あらすじ（誰が　どうして　どうなった話）

○読後感（一言感想）

【ワークシートレーダーチャート】

登場人物の関係が描かれている物語を，クチコミですいせんしよう！

「なまえつけてよ」　　　　5年　　組　名前

めあて

「クチコミの構造」

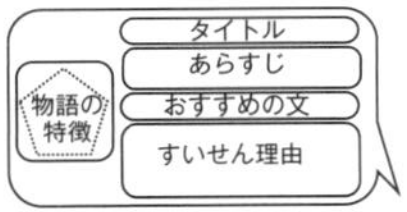

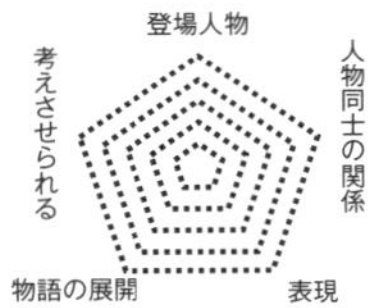

○おすすめの一文（３０字～６０字）

○おすすめの理由（１５０字以上１８０字以内）

○今日の学習で学び取ったこと（へい行読書材で役立てること）

読書カード

年　組　名前

本の名前「　　　　　　　　　　　　　　」　作者「　　　　　　」

○おすすめ度

☆☆☆☆☆

○レーダーチャート

○キャッチコピー（その本の特ちょうを一言で言うと）

○あらすじ（誰が　どうして　どうなった話）

○読後感（一言感想）

本の名前「　　　　　　　　　　　　　　」　作者「　　　　　　」

○おすすめ度

☆☆☆☆☆

○レーダーチャート

○キャッチコピー（その本の特ちょうを一言で言うと）

○あらすじ（誰が　どうして　どうなった話）

○読後感（一言感想）

本の名前「　　　　　　　　　　　　　　」　作者「　　　　　　」

○おすすめ度

☆☆☆☆☆

○レーダーチャート

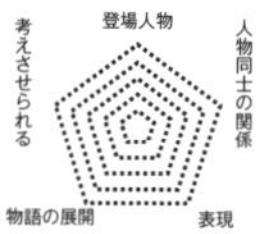

○キャッチコピー（その本の特ちょうを一言で言うと）

○あらすじ（誰が　どうして　どうなった話）

○読後感（一言感想）

⑩「大造じいさんとガン」

【掲示物　椋鳩十】

椋　鳩十（むく　はとじゅう）

一九〇五年（生誕）
一九八七年（死去）八十二才

・長野県生まれ
・本名　久保田　彦穂（ひこほ）
・日本における動物文学の代表人物
・小学生のときの好きな本は「ハイジ」
・二十四才で結婚
・大学卒業後　種子島の小学校の先生になる。
・暑くて、ふんどし一つで授業をしていたら首になる。
・鹿児島の高校の国語の先生になる。
・図書館の館長になる。
・大学の先生になる。

小さいころ、南アルプスの山中を、父親の狩りに同行する。

大学卒業後、鹿児島県に移り、屋久島で、佐々木さんという猟師に出会う。佐々木さんから数々の珍しい体験談を聞き、それを素材にした作品が生まれた。

作者が生きた時代の半分は戦争の時代だった。それで「生きること」や「命」をテーマに物語を書くことが多かった。

【掲示物　話し合い十か条】

話し合いの十か条（五年二組二学期バージョン）

～一人の意見をみんなで真けんに考えるために～

一　自分の考えを説明するときは、全文シートを使うべし！　指さし！
一　もやもやした分からないところをはっきりさせて相談すべし！
一　「どこからそう思ったの?」で理由を聞くべし！
一　少しちがっているところを見つけ、どうしてちがうか話すべし！
一　「それならこうすればいいんじゃん」と言うべし！
一　アドバイスをたくさんすべし！
一　「あ～」「うんうん」うなずくべし！
一　「あ～なるほど」「分かる分かる」言うべし！
一　「もう一度考えてみようよ」と言うべし！
一　「だってここにこう書いてあるじゃん！」と対立すべし！

【掲示物　話し合いのときに便利な言葉たち】

話し合いのときに便利な言葉たち

～一人の意見をみんなで真剣に考えるために～

こういうとき	納得したとき
・理由を聞きたいとき	「どうしてそう思ったの?」 「どこからそう思ったの?」
・分からないとき	「もう一度教えて」「どういうこと?」 「分からなくなっちゃった。」 「分かるようで分からない。」
・分かったとき なっとくしたとき	「なるほど」「いいね」「へえ～」 「分かる分かる」「そうか」「あ～」
・確かめたいとき	「それって、～ということ?」 「例えば、～ということ?」
・他の人に聞きたいとき	「どう思う?」「○○さんは、どう?」 「確かに○○だけど、○○じゃない。」
・し～んとしたとき ・困ったとき	「もう一度、作品を読んでみようよ。」 「う～ん、こまったね」
・もり上がらないとき	「そう思った原因は何? みんなで考えてみない?」 「要するに、どういうことか、 みんなで考えてみよう」

【資料　話し合いのモデル文】

すぐれた表現に着目して、物語のみりょくをクチコミですいせんしよう

話し合いのモデル文　　　　　　　　五年　　名前

発言者	言葉	動き等
高橋	ぼくが選んだお気に入りの一文は、 「戦いつかれたからだをおどらせて、金色の麦の花畑にさっと飛びこみました。」 っていうところなんだよね。 それで、その理由は、 「なぜかというと、ひなを守るために……というところがおすすめです。」って書いたんだけど、どうかな。これでホームページにアップできるかな。	サイドラインを引きながら 話し合いの目的
河野	じゃあ、まず私からね。 高橋くんは、「へびとの戦いに勝った片足スズメのすがすがしい様子」って書いているでしょ。どこから「すがすがしい」って思ったの。	どこからそう思ったの。
高橋	ここの、「勝利の歌を高らかにうたったのでした。」ってところだよ。	全文シートを指さしながら
杉本	なるほどね。分かる分かる。	
河野	わたしも、分かるんだけど、なんかちょっと違うんだよね。	少し違うところを見逃さない！
西野	何が少し違うの。	対立すべし！
河野	なんか、もっと、「どうだまいったか！」っていう気持ちが表れていると思うんだよね。	
高橋	どこからそう思ったの？　　どうしてそう思ったの？	
河野	だって、ここに、「わが片足スズメは、一本足で戸ぶくろの上にすっくと立ちました。」って書いてあるでしょ。だから、勝ち誇って自慢している感じじゃないのかな？	
杉本	なるほどね。分かる分かる。じゃあ、それなら「すがすがしい」を「勝ち誇っている様子」にすればいいんじゃないの？	こうすればいいんじゃないの？
高橋	でも、最後に「金色の麦の花畑に…」って書いてあるでしょ。その時って、例えば、岩井で朝散歩したでしょ。あの時の海がキラキラ光っている朝の様子とかぶるんだよね。	自分の経験と結びつけて
西野	なるほど。じゃあ、河野さんはここの文を読んで、「勝ち誇っている」って考えて、高橋くんは、ここの文と自分の経験を結びつけて「すがすがしい」ってしたんだね。おもしろいね。	考えをまとめる。
高橋	杉本君はどっちがいいと思う。（どう思う？）	発言が少ない人に聞いてみる。
杉本	えっ、俺？	
高橋	ぼくの「すがすがしい」と河野さんの「勝ち誇っている」とどっちがいい？	選ばせる
杉本	う～ん。どっちでもないかな～	
高橋	どういうこと？	分かったふりをしない。
杉本	だって、ここで、卵をへびに食べられて、それで、ここで風呂の火でまた巣をダメにされて、最後の最後にやっと自分の卵を守れたわけでしょ。クチコミですいせんするなら、母スズメのその悔しい気持ちが表れるように、「かたき討ちをしたすがすがしい気持ち」にするといいんじゃないのかな？	理由を聞く いくつかの文をつなげて理由を言う。
全員	納得！	

【ワークシート】

すぐれた表現に着目して，物語のみりょくをクチコミですいせんしよう

「　大造じいさんとガン　」　　5年　　組　名前

「クチコミの構造」
タイトル
物語のしょうかい
お気に入りの一文
お気に入りの一文を選んだ理由
レーダーチャート

〇お気に入りの一文

〇「お気に入りの一文」を選んだ理由（１５０字～１８０字）

30　60　90　120　150　180

〇まとめ

お気に入りの一文を書くときは，

【ワークシートの解答例】

すぐれた表現に着目して，物語のみりょくをクチコミですいせんしよう

「　大造じいさんとガン　」　　　　5年　　組　名前

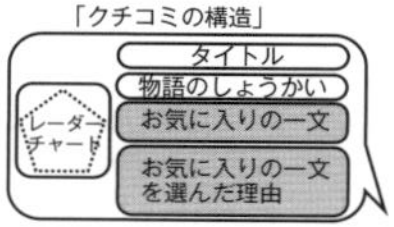

○お気に入りの一文

大造じいさんは，……下してしまいました。（127頁3～6行目）

○「お気に入りの一文」を選んだ理由（１５０字～１８０字）

それまでは，大造じいさんにとって残雪はにくい敵でしたが，自分が世話したガンを助ける残雪を見て，気持ちが大きく変わったところだからです。自分の仲間を助ける残雪の姿に大造じいさんも感動したのだと思います。作者の椋さんはこの一文に，大造じいさんの正々堂々とした姿を表しているのだと思います。そして，二人の戦いが気高いものであることを伝えようとしたのだと思います。

○まとめ

お気に入りの一文を書くときは，ぴったりな言葉を見つける。（類語辞典など）　一つの文だけではなく，いくつかの文をつなげる。　すいせんの言葉を使う。

⓫「やまなし」

【掲示物　単元計画】

宮沢賢治の作品を読み
「あとがき」で物語のみ力を伝えよう

単元計画

○学習の流れ知り、すいせんする本を選ぶ。

「やまなし」	「並行読書材」
○あらすじの書き方を学び取る。	○あらすじを書く。
○イーハトーヴの夢を読み、「あとがき」に作者のしょうかいを書く。	
○物語のみ力についてを考える。	○物語のみ力について考える。
○自分だけが見付けた物語のみ力について考える。	○自分だけが見付けた物語のみ力について考える。

○あとがきの清書をして、交流をする。

【ワークシートの解答例】

宮沢賢治の作品を読み「あとがき」で物語のみ力を伝えよう

六年　組　名前

○「あとがき」の構造

「あとがき」
- 物語のしょうかい（あらすじ）
- 作者（宮沢賢治）のしょうかい
- 物語のみ力1 みんなが感じるであろうみ力
- 物語のみ力2 一読しただけでは気が付かない物語のみ力
- 読者へのメッセージ

※今日の学習は「あとがき」のどこの部分を書くのか色をつけよう。

○一読しただけでは気が付かない、自分だけが見付けた物語のみ力を書こう。

みなさん気が付きましたか？　カワセミが魚を食べるという、この物語で一番怖い場面にふくせんがあったことを。物語には、「黒く静かに底の光のあみの上をすべりました。」とあります。これは、まわりの明るい情景の中、魚だけが「黒く静かに底の」と描かれていて、これから何か不吉なことが起こることを暗示しているのだと思いました。

○まとめ　※次の並行読書材の学習で役立てたいこと

・いくつかの場面を比べたり、表現の工夫に着目すると、自分だけのみ力を見付けることができる。

【ワークシート】

宮沢賢治の作品を読み「あとがき」で物語のみ力を伝えよう

六年　　組　　名前

○「あとがき」の構造

「あとがき」
- 物語のしょうかい（あらすじ）
- 作者（宮沢賢治）のしょうかい
- 物語のみ力1 みんなが感じるであろうみ力
- 物語のみ力2 一読しただけでは気が付かない物語のみ力
- 読者へのメッセージ

※今日の学習は「あとがき」のどこの部分を書くのか色をつけよう。

○一読しただけでは気が付かない、自分だけが見付けた物語のみ力を書こう。

○まとめ　※次の並行読書材の学習で役立てたいこと

⑫「海の命」

【ミニ座談会の進め方】

ミニ座談会の進め方

一．自分のふせんを話題整理シートにはる。

二．座談会の話題を決めるために話し合う。

・同じものはまとめる。

・少し話してみる。

・話題を選ぶ。

意見が分かれる 話し合いたい すぐに答えが出ない	}	話題決定
解決した まとまらない 絶対に分からない	}	今回はやめておく

三．話題が決まったら、
話し合いたい順番を決める。

交流のときに使うと考えが深まる言葉

・「どこからそう思ったの？」

・「たしかにそうだけど、
　　　　　　　　○○じゃない？」

・「分かるようで分からないな。」

・「自分は○○だから…。」

・「自分は○○だけど…。」

・「それってすごくいい言葉。」

・「それっていい考えだと思う。」

・「テーマからはずれそう。」

・「そういうのは、立松和平さんの
　　　　　　他の作品にもあった？」

＊分からないことは
「分からない。」
と、しっかり伝えよう。

【話題整理シート】

「海の命」話題整理シート

言葉

人とのかかわり

行動

心情

今回は止めておく

・もう解決した。
・絶対に分からない。
・深まる見通し，自信がない。
・すでに話したいものと内容が似ている。
・考えたいと思わない。
・根拠がないのでまとまらない。

【話題を出し合うときには】

話題を出し合うときには

教科書 p.201
挿絵

- 一つずつ出していく。
- 同じものはまとめる。
- 少し話してみる。
- 本文を確認する。
- 少し話してみて結論が出そうにないものは、話題の候補に入れる。
- 全員の話題を出して候補が出そろう。
- 出そろった候補の中から、座談会で取り上げる話題を決める。
- 話題が決まったら、話し合う順番も決めておく。

【ワークシートの解答例】

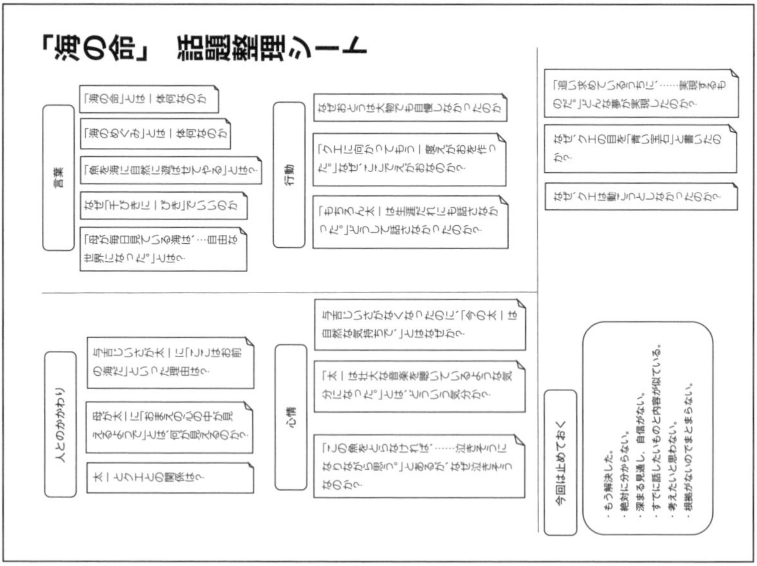

おわりに

葛飾区立綾南小学校
副校長　宮沢英輔

「『できるようになった！』『わかってうれしい！』という子供たちの笑顔を見たい。」

この思いのもと，本校の教職員は全員一丸となって本研究に取り組んでまいりました。子供たちに話合い活動の進め方を分かりやすく示すために，教師出演の「話合いショートストーリー」を収録したり，学校司書の協力のもとで文章の全貌が見渡せる「全文シート」を作成したりするといった本研究のアイデアは，全て本校の教師たちが日々の授業で悩んだことを出し合い，懸命に授業研究を重ねる中で生み出したものです，

授業研究のための事前・事後検討会は内容が深まるにつれて長時間に及ぶこともありました。しかし，本校の教師たちは研究主任によるファシリテートに大きな信頼を寄せながら，明るさや笑顔を絶やすことなく〈よりよく〉を常に目指して実践と検討を積み重ねてまいりました。

これらはやはり冒頭に示した思いが熱意となって本校の教職員一人一人に宿り続けたからできたことであり，また，人懐っこく，指導や助言を素直に受け止めて努力できる「綾南っ子」たちが日々そばにいてくれるからこそ，教師たちは労を惜しまず前進できたのではないかと感じています。

本研究が，国語科の教科の特質である「言葉による見方・考え方」を子供たちが働かせ，言語活動を通して「主体的に考える力」「伝え合う力」を高める指導方法の一つとして提案するに至りましたのも，これまで４年間にわたり厳しくも温かく指導してくださいました元全国小学校国語教育研究会会長　飯田薫先生をはじめとして，京都女子大学教授　水戸部修治先生，東京都教育庁主任指導主事　西川さやか先生，葛飾区教育委員会のおかげと心より感謝申し上げます。今後とも不断の努力を続け，教職員一同「チーム綾南」として研究を進めてまいります。

【編著者紹介】
水戸部　修治（みとべ　しゅうじ）

京都女子大学教授。小学校教諭，県教育庁指導主事，山形大学地域教育文化学部准教授等を経て，文部科学省初等中等教育局教育課程課教科調査官，国立教育政策研究所教育課程研究センター総括研究官・教育課程調査官・学力調査官，平成29年４月より現職。専門は国語科教育学。平成10・20年版『小学校学習指導要領解説国語編』作成協力者。『小学校　新学習指導要領　国語の授業づくり』（単著，明治図書），『新学習指導要領＆３観点評価対応！小学校国語科　質の高い言語活動パーフェクトガイド（１・２年編，３・４年編，５・６年編）』（編著，明治図書）など，著書多数。　＊第１章執筆

【著者紹介】
葛飾区立綾南小学校（かつしかくりつりょうなんしょうがっこう）
住所：〒124-0006　東京都葛飾区堀切１丁目22番１号
電話番号：03（3693）7227
URL：http://school.katsushika.ed.jp/ryounan-e/html/
＜執筆者一覧＞（平成30年度教職員）
荻原　誠（校長）　宮沢英輔（副校長）　髙橋誠人（研究主任）
上田鈴子　小田千郷　金泉玲子　河野早紀　小林理紗
志賀香菜子　杉崎晶子　杉本啓輔　須藤功介　髙木奈々
西野　浩　西村信子　野々村弘美　原　千晶　増田智恵
三好真珠美　吉澤綾子　渡邊邦宏　＊第２～４章執筆

小学校国語科　ペア・グループでの話合いがうまくいく！
対話的な文学の授業づくりアイデアブック

2019年12月初版第１刷刊　©編著者　水戸部修治
著　者　葛飾区立綾南小学校
発行者　藤原光政
発行所　明治図書出版株式会社
http://www.meijitosho.co.jp
（企画）木山麻衣子（校正）吉田茜
〒114-0023　東京都北区滝野川7-46-1
振替00160-5-151318　電話03（5907）6702
ご注文窓口　電話03（5907）6668
＊検印省略　組版所　株式会社木元省美堂

Printed in Japan　ISBN978-4-18-338414-0